La POLLUTION et la MORT de L'HOMME

Francis Schaeffer

La POLLUTION et la MORT de L'HOMME

un point de vue chrétien sur l'écologie

Édition originale publiée en langue anglaise sous le titre :
Pollution and the Death of Man • Francis Schaeffer
© 2006 • Crossway Publishing
Traduit et publié avec permission. Tous droits réservés.

Édition en langue française :
La pollution et la mort de l'homme • Francis Schaeffer
© 2015 • Éditions Cruciforme • www.editionscruciforme.org
230 rue Lupien, Trois-Rivières (Québec) – G8T 6W4 CANADA
Tous droits de traduction, de reproduction et d'adaptation réservés.

Publié en Europe par BLF Éditions
Tous droits de reproduction et d'adaptation réservés.

Traduction : Ligue pour la Lecture de la Bible – avec permission
Mise en page : BLF Éditions
Couverture : Daniel Henderson

Sauf mention contraire, les citations bibliques sont tirées de *la Bible version Segond 21* Copyright © 2007 Société biblique de Genève. Reproduit avec aimable autorisation. Tous droits réservés. Les caractères italiques sont ajoutés par l'auteur du présent ouvrage. Reproduit avec aimable autorisation. Tous droits réservés.

ISBN 978-2-92411-098-0

Dépôt légal - Bibliothèque nationale du Québec, 2015
Dépôt légal - Bibliothèque nationale du Canada, 2015
© Publié en septembre 2015

TABLE DES MATIÈRES

Qu'ont ils fait à notre sœur, si pure et si belle?......................7

Le pantheisme ou : « un être humain ne vaut guere plus qu'un brin d'herbe. »...13

Autres réponses imparfaites...27

L'optique chrétienne : la création......................................33

Le point de vue chrétien pour un renouveau....................45

Le point de vue chrétien : « l'usine-modèle »....................55

Appendices
Les cause historiques de notre crise écologique...............69

Pourquoi se préoccuper de la nature?................................85

1

QU'ONT ILS FAIT À NOTRE SŒUR, SI PURE ET SI BELLE ?

Lors d'un séjour que j'effectuai, il y a quelque temps aux Bermudes, pour y donner une conférence, je fus invité à visiter les travaux d'un jeune homme connu dans les milieux d'écologie du monde entier. Son nom est David B. Wingate et c'est surtout ce qu'il fait pour préserver la race du pétrel qui l'a rendu célèbre. Un peu plus grand que le pigeon, le pétrel, dont l'espèce est presque éteinte, ne se reproduit que sur un très petit nombre d'îles qui entourent la Grande Bermude. Wingate s'était efforcé depuis plusieurs années d'accroître le nombre de ces oiseaux.

Depuis très longtemps déjà les gens croyaient l'espèce éteinte. Ce n'est pas encore le cas, mais elle diminue rapidement et Wingate s'est proposé d'élever quelques oiseaux afin qu'ils se multiplient.

Tout en visitant les différents nids, nous nous entretenions du problème de l'écologie en général. A ce propos Wingate me dit qu'il perdait du terrain depuis que la proportion des œufs éclos avait diminué.

Il aurait été sur le point de réussir si la proportion était restée la même. Mais il avait dû constater que le nombre des œufs éclos diminuait régulièrement. Un embryon fut retiré de l'œuf et disséqué. L'analyse de ses tissus révéla une forte présence de D.D.T. qui, selon Wingate, était la cause de la baisse constatée dans la proportion des œufs éclos.

Mais voilà le plus surprenant : cet oiseau tire sa nourriture de la mer, exclusivement au milieu de l'océan et jamais tout près des côtes. Il était donc évident que le D.D.T. ne lui venait pas de la proximité du rivage, mais du large, du milieu de l'Océan Atlantique. En d'autres termes, le D.D.T. utilisé sur la terre pollue également toute la mer. Il est charrié par les rivières et arrive à l'Océan où des oiseaux comme ceux-ci l'ingèrent ; et leur espèce s'éteint.

Récemment Thor Heyerdahl traversa l'Atlantique sur une embarcation de papyrus ; il fit remarquer qu'auparavant, lors de ses voyages à bord du KonTiki, il avait pu utiliser l'eau de la pleine mer, mais que tout le long de sa dernière traversée, il avait constaté la présence d'ordures dans l'eau.

Voilà donc le problème. En Californie, un homme l'a mis en relief d'une manière frappante en dressant une pierre tombale sur le rivage de l'océan et en y gravant cette épitaphe :

Les Océans : Nés en… (il avait mis une date hypothétique)
Morts en 1979.
L'Eternel a donné ; l'homme a ôté.
Maudit soit le nom de l'homme.

C'est bien simple : si l'homme est incapable de résoudre ses problèmes écologiques, ses ressources vont disparaître. Déjà s'avancent des « marées rouges » causées par le bouleversement de l'équilibre écologique des océans. Il est bien possible qu'à brève échéance l'homme ne pourra plus pêcher dans les océans comme il le faisait autrefois et même qu'il n'aura plus tout l'oxygène nécessaire à sa respiration, si l'équilibre des océans est trop dérangé.

C'est donc sur la génération actuelle que pèse le fardeau du problème écologique. Le mot « écologie » signifie « étude de l'équilibre entre les organismes vivants dans la nature. » Mais dans l'usage courant, il a un sens plus large : il évoque aussi le problème de la destruction de la nature par l'homme. Il englobe des notions telles

Qu'ont ils fait à notre sœur, si pure et si belle?

que la pollution de l'eau, le danger que provoquent les bruits trop intenses et la pollution de l'air dans les grandes villes. Le magazine Newsweek par exemple, a publié un article intitulé « dilemme de Tokyo », où il décrit comment, moyennant un franc, les Japonais peuvent respirer quelques bouffées d'oxygène dans un distributeur automatique. De même qu'ils peuvent consommer une tasse de café, ils peuvent s'offrir un bol d'oxygène lorsque la ville est trop polluée.

A l'approche de la mort, Darwin reconnut à plusieurs reprises dans ses écrits que, selon sa propre théorie, deux choses auraient perdu de leur intérêt à mesure qu'il vieillissait : d'abord, les arts ne lui procuraient plus aucune joie ; la nature non plus. Voilà qui nous intrigue beaucoup. Darwin avait auparavant énoncé le principe selon lequel la nature, l'homme y compris, se résume à cette équation : facteur impersonnel+ facteur temps+ facteur hasard. Voilà qu'à la fin de sa vie il a dû constater ces deux résultats négatifs. Je suis persuadé que ce qui affecte aujourd'hui toute notre culture n'est rien d'autre que l'expérience que Darwin avait subie autrefois, dans le domaine artistique ainsi que dans celui de la nature. Et le plus affligeant c'est que bien souvent, en cette matière, les chrétiens évangéliques n'ont pas montré le bon exemple aux incroyants. Si la nature ne nous procure plus de joie, la vie même de la nature est compromise.

Même dans la « pop-music » une semblable inquiétude est sous-jacente. Citons pour exemple le groupe The Doors qui chante une chanson intitulée Strange Days (Jours Étranges) :

> What have they done to the earth,
> What have they done to our fair sister
> Ravaged and Plundered,
> And ripped her and bit her,
> Stuck her with knives in the side of the dawn
> And tied her with fences and dragged her down[1]

---

[1] Qu'ont-ils fait à la terre?
Qu'ont-ils fait à notre sœur si pure et si belle?
Ils l'ont dévastée et saccagée,
ils lui ont lacéré les vêtements et l'ont couverte de morsures,
ils l'ont percée de poignards du côté du soleil levant
ils l'ont ligotée de barrières et l'ont avilie.

De l'album « Strange Days » par « The Doors ». Elektra EKS 74014. Copyright Doors music company

En tous cas, on étudie un peu partout aujourd'hui comment remédier à cette situation. Un article intéressant intitulé « Les causes historiques de notre crise écologique »[2] paru dans la revue Science Magazine, Lynn White Junior, professeur d'histoire à l'Université de Californie de Los Angeles, tient le christianisme pour responsable de cette crise écologique. Il soutient que malgré le caractère non plus chrétien, mais postchrétien du monde où nous vivons, nous gardons encore une mentalité chrétienne dans le domaine de l'écologie. Selon lui la manière dont le christianisme voyait la nature était mauvaise et cette manière de voir a été transmise au monde postchrétien d'aujourd'hui. Il justifie cette allégation de l'attitude chrétienne erronée face à la nature en disant que le christianisme enseignait à l'homme à dominer sur la nature. L'homme a donc toujours eu une attitude destructive face à la nature. Il voit bien que sans une « base », il n'y a de solution aux problèmes écologiques pas plus qu'aux problèmes sociologiques. C'est cette base, ce fondement de la mentalité de l'homme, qui doit changer.

Selon le point de vue moderne, dans le monde postchrétien (ainsi que j'en ai parlé dans mes ouvrages précédents) l'homme n'a aucune catégorie, aucune base sur laquelle édifier. Lynn White a compris la nécessité d'un point de départ dans le domaine de l'écologie. Il écrit : « leur attitude face à leur environnement dépend de la façon dont les gens considèrent la relation qui existe entre les choses qui les environnent et eux-mêmes. L'écologie humaine est profondément conditionnée par la conception que nous avons de notre nature et de notre destinée, c'est à dire par la religion ». Je lui donne entièrement raison sur ce point. Ce que les hommes font dépend de ce qu'ils croient. Quelle que soit leur vision du monde, elle se projette vers le monde extérieur. Cela se vérifie dans tous les domaines : la révolte des étudiants, la sociologie, toutes les sciences, la technologie, ainsi que l'écologie.

En guise de réponse, White pose la question suivante : « Pourquoi ne pas revenir à Saint-François d'Assise ? » Et il oppose Saint-François à ce qu'il appelle « le point de vue évangélique » : celui des hommes se trouvant dans leur « bon » droit en dépouillant la nature. Selon

---

[2] Voir page 93

White, « Saint François, le plus grand révolutionnaire spirituel de l'Occident, proposa de changer le point de vue chrétien de la nature et de ses rapports avec l'homme, et il essaya donc de substituer au dogme de la domination illimitée de l'homme sur toute la création celui de l'égalité de toutes les créatures, l'homme y compris ».

D'après White, la science et la technologie modernes sont l'une et l'autre tellement imprégnées de l'arrogance du christianisme évangélique envers la nature qu'on ne peut espérer d'elles seules une solution à notre problème écologique. Le problème ne sera pas résolu par la technologie, dit-il, car elle est mûe par la tradition de dominer sur la nature, c'est à dire d'exploiter la nature d'une façon illimitée. « Puisque les racines du mal sont en majeure partie de nature religieuse, le remède aussi doit être essentiellement religieux, que nous le nommions ainsi ou non. Il nous faut réviser complètement nos conceptions et nos sentiments sur la nature et sur sa destinée. Le sentiment profondément religieux, quoique hérétique, de l'autonomie spirituelle de toutes les parties de la nature, des Franciscains primitifs nous indique la direction à suivre. Je propose Saint François comme patron de l'écologie ».

On s'empara du sujet et la discussion fut poursuivie, soulevant un vif intérêt. Richard Means, Professeur Adjoint de Sociologie au Collège de Kalamazoo dans le Michigan, cita White dans son article paru dans Saturday Review et il développa son concept en demandant : pourquoi ne pas commencer à rechercher une solution dans le panthéisme ? En fait, cet appel en faveur du panthéisme est à mettre en parallèle avec l'intérêt que manifestent pour le Bouddhisme Zen les « gens dans le vent » de la nouvelle génération. Et il demande : la solution ne serait-elle pas tout simplement de dire : « Nous sommes tous d'une même essence » ?

On nous propose donc ici le panthéisme comme réponse à notre dilemme écologique. Mais est-ce réellement une réponse ? C'est une question que nous allons examiner maintenant.

2

LE PANTHEISME OU : « UN ÊTRE HUMAIN NE VAUT GUERE PLUS QU'UN BRIN D'HERBE. »

Le dictionnaire donne de l'écologie la définition suivante : «biologie, qui étudie les interrelations entre les organismes et leur environnement» et cette définition permet de faire deux types de considérations ; tout d'abord l'étude des relations entre les différents organismes et ensuite l'étude des relations entre ces organismes et leur environnement. Ce deuxième sens a brusquement acquis une importance particulière et le mot écologie est maintenant utilisé pour mettre l'accent sur le problème de l'équilibre de la nature et sur le problème de sa destruction par l'homme. En effet depuis que l'on s'est rendu compte que l'homme est en train de détruire l'équilibre de la nature, on recherche une base solide pour une intervention pratique, efficace et constructive.

«La solution ne se trouverait-elle pas dans un retour au Dieu du panthéisme?» se demande Richard Means dans cet important article du Saturday Review. Ce scientifique du monde occidental, sociologue, se sert du concept de panthéisme pour résoudre le problème moderne de la préservation de la nature, c'est à dire le problème écologique. Il semble utiliser le panthéisme à une fin assez particulière : au lieu de le prendre comme une réponse religieuse authentique, il l'utilise simplement dans un but pragmatique sociologique ou scientifique.

L'article, intitulé « Pourquoi se préoccuper de la nature ? »[3] s'ouvre par une citation d'Albert Schweitzer : « La grande erreur de toutes les morales jusqu'à nos jours a été de ne s'occuper que des relations entre les hommes ». Schweitzer laisse donc entendre que l'écologie est un problème d'ordre moral, mais que l'homme n'a jamais vu dans le concept de morale qu'une question de rapports entre humains. Means ajoute : « l'idée que la relation entre l'homme et la nature ait un caractère moral trouve très peu de défenseurs même parmi les écrivains religieux contemporains ». Means confirme que la relation entre l'homme et la nature est d'ordre moral, et il précise que même les théologiens modernes ayant traité cette question sont rares. Il se réfère ensuite au livre de Harvey Cox, The Secular City[4] Cox est bien sûr un théologien très libéral, partisan de la théologie de « la mort de Dieu »! Même chez Cox, dit Means, « on ne se demande pas d'où vient cette ville et les dimensions morales de l'analyse se limitent aux rapports entre humains à l'intérieur du monde urbain, et excluent les rapports avec les animaux, les plantes, les arbres et l'air, c'est à dire l'habitat naturel ». Cox et la théologie moderne n'ont pas traité cette question, mais n'oublions pas qu'une grande partie de la théologie moderne dérive vers le panthéisme. En suggérant qu'une base pragmatique panthéiste pourrait résoudre nos problèmes écologiques, Means s'intègre donc tout naturellement dans l'atmosphère qui règne aujourd'hui dans les groupes « rock » et jusqu'aux facultés de théologie.

Il est intéressant de noter que Means mentionne aussi Eric Hoffer, un philosophe populaire en vogue aux États-Unis. Débardeur dans les ports ou sur la côte, auteur de nombreuses remarques réellement pénétrantes, Hoffer est bien connu des intellectuels ; il a même été invité à la Maison Blanche ; « Eric Hoffer, l'un des rares critiques

---

[3] Voir page 115
[4] La cité séculière

de la société contemporaine qui aient abordé de front la question de la relation entre l'homme et la nature, met en garde dans ses écrits contre le danger d'une vision trop romantique de la nature. » Means signale donc que Hoffer a déjà effectué une mise en garde contre une vue trop romantique dans nos rapports avec la nature ; cette attitude consiste à voir la nature en y projetant nos propres réactions humaines, à considérer par exemple un chat comme s'il était doué des mêmes réactions qu'un homme. C'est à juste titre que Hoffer nous avertit. Sa solution toutefois se présente ainsi (du moins selon Means) : « Transcender la nature, se libérer des exigences de l'instinct, voilà le grand accomplissement de l'homme. Une des caractéristiques fondamentales de l'homme est la possibilité qu'il a de s'affranchir de ses limitations physiques et biologiques ». En d'autres termes, selon l'interprétation de Means, Hoffer ne nous propose nullement d'en venir à un accommodement avec la nature. Pour Hoffer l'homme doit la transcender, c'est à dire surmonter les instincts physiques et biologiques.

Il est juste, disons-le, de rejeter comme une réponse ou une solution cette vision romantique de la nature. Tout d'abord la nature, dans son état actuel, ne se montre pas toujours bienveillante ; en deuxième lieu, le fait de projeter nos sentiments et nos pensées sur un arbre rendrait injustifiable l'abattage et tes utilisations multiples de l'arbre par l'homme.

Si vous avez lu Le cheval dans la locomotive de A. Koestler, vous reconnaîtrez le même concept que chez Hoffer, mais vu par un poète. Koestler, Adler[5] et Michael Polany d'Oxford attaquent tous les trois le point de vue classique de l'évolution, du moins sur le plan pragmatique : ils sont d'accord pour dire qu'il nous entraîne sur une fausse piste. Mais pour Koestler, la solution finale dans le livre cité plus haut consiste à supplier la science de fabriquer une pilule capable d'unifier les cerveaux supérieur et inférieur. Pour Koestler le cerveau inférieur gouverne les instincts et les émotions et le cerveau supérieur l'intelligence et le raisonnement, et c'est leur séparation qui est la base du problème. Remarquons ici l'analogie entre le concept de Koestler et l'idée de Hoffer de « l'homme prenant

---

[5] dans « The Difference in Man and the Difference it Makes. »

le dessus» sur sa nature afin de se libérer des restrictions physiques et biologiques.

Revenons-en l'article dans lequel Means soulève une importante question qu'il résout aussitôt. Souvenons nous de sa thèse selon laquelle la crise des rapports homme/nature est d'ordre moral et non pas exclusivement d'ordre scientifique. Sa question et sa réponse immédiate nous donnent en quelque sorte un remarquable «instantané» de l'homme moderne : «Et quelle est donc cette crise morale? A mon avis, c'est un problème pragmatique. ».

N'est ce pas là une frappante association de formules ; le moral se dissolvant dans le pragmatique ! Nous avons une crise morale au départ, mais subitement il ne nous reste plus qu'un problème pragmatique «qui met en cause les véritables conséquences sociales d'une multitude d'événements n'ayant aucun rapport entre eux. Les mauvais traitements infligés à notre environnement combinent leurs résultats pour provoquer cette crise : un petit industriel négligent sur le Fleuve Kalamazoo, une importante société du Lac Érié qui n'assume pas ses responsabilités, un fermier californien qui utilise des insecticides à tort et à travers, des exploitants de mines du Kentucky qui osent mettre leur sol à nu. Malheureusement sur notre continent la destruction inutile des ressources animales et naturelles ne date pas d'hier.» La pression s'intensifie bien sûr à l'échelle mondiale et Means a raison de dire que le problème est grave. Mais son problème personnel comment aborder le problème ? — n'en est pas résolu pour autant ! Il veut une base morale pour traiter le problème écologique, mais très vite le caractère éthique disparait et en fait il ne lui reste plus que le recours pragmatique et technologique.

Le problème écologique devient encore plus aigu compte tenu de l'explosion de la population ; il suffit de prendre l'exemple de la Suisse et de considérer le changement qui est survenu sur le magnifique Lac Léman depuis notre arrivée dans ce pays il y a plus de vingt ans ; un grand changement en vérité. Non seulement le niveau de l'eau a baissé, mais encore ce n'est plus du tout le même lac. Si l'explosion démographique se poursuit, que deviendront le Lac Léman et le Fleuve Kalamazoo ?

Le problème devient de plus en plus urgent, il nous faut choisir une base différente de celle que nous avons utilisée dans le passé

Le pantheisme ou : « un être humain ne vaut guere plus qu'un brin d'herbe. »

pour déterminer nos rapports avec la nature, c'est à dire avec notre environnement, condition de notre survie dans ce monde. Comme le dit le calendrier du Sierra-Club : « La Lune, Mars, Saturne valent bien une visite, mais vous n'aimeriez sûrement pas y habiter ». L'existence humaine — du moins cette vie sur terre — dépend uniquement de l'équilibre de notre environnement.

Means nous entretient ensuite des pigeons migrateurs (ectopiste migrateur), autrefois très nombreux aux États-Unis et dont l'espèce est aujourd'hui éteinte ; le même problème est soulevé par la chasse aux phoques. Malheureusement ces tristes événements ne semblent pas nous apprendre grand chose ; des savants comme Scott MacVay qui étudient la mer, pensent (au grand effroi de ceux que passionnèrent Herman Melville et sa grande baleine blanche) que la pêche commerciale menace la baleine, dernière espèce abondamment représentée. Pour ceux que l'état du portefeuille préoccupe avanttout cela signifie la mort d'une industrie prospère. Means ne limite pas ces pertes au domaine économique mais par contre « pour ceux d'entre nous qui éprouvons un certain respect envers la nature, en particulier envers les mammifères, la mort de ces grandes créatures provoquera un vide dans la création de Dieu et dans l'imagination des générations à venir ». Il se peut que beaucoup de chrétiens se méprennent sur le sens que Means donne à son expression « Création de Dieu ». Il ne faudrait pas qu'ils se trompent sur la nature de la réponse que l'auteur nous propose. J'en reparlerai plus tard.

Means passe ensuite à d'autres questions importantes en citant l'imposant fleuve Hudson, les Grands Lacs et l'état de l'air que nous respirons. Ces faits et des centaines d'autres faits analogues nous montrent pourquoi les hommes sont plus que jamais aux prises avec le problème de l'écologie. Il y a réellement un dilemme. L'homme moderne a vu qu'il était en train de détruire l'équilibre de la nature ; le problème exige des mesures immédiates et énergiques. Ce n'est pas seulement une question d'ordre esthétique, ou un problème qui se posera dans le futur ; non, la qualité de la vie a déjà diminué pour la plupart des hommes d'aujourd'hui. Et pour ce qui est de l'avenir, bon nombre de penseurs voient la menace écologique peser bien plus lourdement que celle d'une guerre nucléaire mondiale. Means nous propose ensuite ses solutions ; leur côté négatif d'abord et leur côté positif ensuite. Prenons la peine d'examiner en détail la pensée de Means car elle est représentative d'une série de conceptions très voisines issues de nombreuses sources et qui se propageront encore pendant les prochaines années. Aldous Huxley d'ailleurs, dans son dernier roman «Ulle» brosse un tableau utopique d'une société où la première matière enseignée à l'école serait l'écologie. «L'écologie élémentaire mène tout droit au Bouddhisme élémentaire,» fait-il remarquer ensuite. A Buck Hill Falls, en Pennsylvanie, s'est déroulé récemment une conférence intitulée «Conférence sur l'environnement et la population.» Lors d'une des séances où l'on traitait des problèmes modernes de l'écologie, on affirma que la solution devait sûrement se trouve dans la direction du panthéisme. Nous allons effectivement beaucoup en entendre parler dans les prochaines années: présenté comme la seule solution possible aux problèmes écologiques, le panthéisme sera un élément de plus de la pensée orientale que l'Occident adoptera.

De quel type est la relation entre l'homme et la nature? «Pourquoi connaît-elle une crise d'ordre morale? Cette crise est morale parce qu'elle est aussi historique et qu'elle concerne l'histoire de l'homme et sa culture; ses sources se retrouvent dans nos conceptions religieuses et éthiques sur la nature. Ces conceptions n'ont d'ailleurs pas vraiment été remises en question dans le cadre de la relation entre l'homme et la nature».

Jusqu'ici nous sommes d'accord avec Means quant au diagnostic. Mais il poursuit par une constatation négative: «L'historien médiéviste Lynn White Jr. a brillamment démontré l'origine et les conséquences de ces concepts religieux sur la nature dans un article intitulé «Les sources historiques de notre crise écologique». White prétend que la notion chrétienne d'un Dieu transcendant, séparé de la nature et ne s'y manifestant que par la révélation, a privé la nature de son esprit, et a ainsi ouvert la voie à l'idéologie de la libre exploitation de la nature.

«Dans le contexte américain, les concepts calviniste et déiste se ressemblaient étrangement sur ce point; tous deux voyaient en Dieu un être absolument transcendant, distinct du monde, isolé de la nature et de la vie organique. Quant aux implications contemporaines de ce divorce entre l'esprit et la nature, le Professeur White

Le pantheisme ou : « un être humain ne vaut guere plus qu'un brin d'herbe. »

dit que « pour le chrétien un arbre n'est rien de plus qu'une réalité physique. Le concept-même du bois sacré est étranger au christianisme et à l'éthique occidentale. Voilà près de deux mille ans que les missionnaires chrétiens abattent les bosquets sacrés ; leur existence est le signe d'idolâtrie qui attribue un esprit aux choses de la nature ».

D'après cette citation l'existence de notre problème écologique serait dûe au christianisme et la première réponse à la question de Means : « quelle est la relation de l'homme à la nature », fait peser toute la responsabilité sur le christianisme qui, par sa nature même, a créé le problème écologique et en a favorisé le développement.

Nous partageons au contraire l'avis de Means dans la première partie du paragraphe suivant : « Ainsi que le suggère Lynn White, il semble que le caractère moral de ce problème soit illustré par la contestation de notre génération de beatniks et de hippies. »

Nous sommes d'accord avec Means pour dire que les hippies ont effectivement compris quelque chose à ce problème. Ils ont raison de combattre la culture « plastique », et l'Église aurait aussi dû la combattre, bien avant que les hippies ne s'annoncent à l'horizon. L'absence de sensibilité qui est caractéristique de la culture « plastique » à savoir : l'homme moderne, la vision mécanistique du monde qu'on trouve dans les manuels universitaires comme dans la pratique, la menace de la machine, la technologie de l'ordre établi, ainsi que la mentalité des classes moyennes et bourgeoises — justifie en outre l'attitude des hippies. Ils ont tout à fait raison de dire que le sentiment de la nature ne trouve que très peu de place dans la technologie moderne et dans la mentalité bourgeoise. Les hippies forment un groupe utopiste mais ils ont pris conscience d'une profonde réalité qui concerne à la fois la culture en tant que telle, la pauvreté du concept de la nature chez l'homme moderne et la manière dont la nature est attaquée de toutes parts par la machine. Sur ce point je me rangerai du côté des hippies.

Les hippies ont peut-être trouvé une bonne réponse, si l'on en juge par la suite de l'article de Means ; nous pouvons ne pas partager son avis, mais il a certainement compris en quoi elle consiste : « Ceux d'entre ces « Beats » qui se sont tournés vers le Bouddhisme Zen n'ont-ils pas obéi à un instinct très sûr ? Ils ont pris conscience (alors qu'on aurait dû le faire il y a très longtemps) de la nécessité de mesurer plus justement les dimensions morales et religieuses de la relation spirituelle de l'homme avec la nature.» Means a clairement discerné que les hippies s'orientent vers le panthéisme. Il s'agit du panthéisme en général, il n'est pas nécessaire de le limiter au Zen.

Après avoir énoncé le côté négatif par lequel il nous faut nous débarrasser du christianisme pour trouver une solution, on nous suggère maintenant une solution qui implique un changement radical de notre culture. Car ainsi que je l'ai dit plus haut, presque tous les théologiens modernes se laissent entraîner vers le panthéisme tout comme des hippies, les Beatles - à une certaine époque de leur carrière — et d'autres prophètes «pop». Il ne fait pas de doute qu'une grande partie de notre culture environnante s'orientalise. C'est également la solution que propose Means pour le problème de l'écologie. Voilà sans doute la raison de la citation d'Albert Schweitzer dans la première phrase de son article. Schweitzer devint panthéiste à la fin de sa vie, et son insistance à mettre l'accent sur le «respect de la vie» signifiait que pour lui, «tout ce qui est, est d'une seule et même essence». Means commence en citant un homme bien connu dans le monde occidental, mais qui était panthéiste.

Voilà pourquoi j'ai fait des réserves sur l'utilisation par Means de l'expression: la «création de Dieu». Means utilise ici une expression occidentale pour évoquer un concept totalement différent. En fait il n'y a pas de place dans le panthéisme pour une telle expression. Parler de la création de Dieu dans le contexte du système panthéiste n'a aucun sens, car tout n'y est qu'une extension de l'essence divine: cette expression occidentale implique en effet un Dieu personnel, créateur et distinct de sa création.

Il est évident que Means pense au panthéisme quand il déclare: «Il se peut d'autre part que le refus de voir une relation entre l'esprit de l'homme et la nature reflète les modes de pensée traditionnels de la société occidentale qui font de la nature une substance distincte, un matériau, une machine et, en termes métaphysiques, sans aucun rapport avec l'homme.» En soulignant le fait que tout ce qui est, la nature y compris, participe de la même substance, il essaye de susciter une sorte de respect pour la nature, qui nous inciterait à la traiter avec plus de bienveillance.

Le pantheisme ou : « un être humain ne vaut guere plus qu'un brin d'herbe. »

Vers la fin de son article il écrit : « Un tel point de vue contribuerait à mettre fin aux attitudes égoïstes, car il montrerait clairement que les activités des autres ne regardent pas que leur vie privée, qu'elles ne sont pas limitées à elles-mêmes mais qu'elles entraînent des conséquences ; que, répercutées par des changements survenus dans la nature, elles arrivent à me toucher et à affecter ma vie, mes enfants et les générations futures. »

Il est intéressant de noter ici, comme nous l'avons déjà fait plus haut, que le mot « moral » tel que Means l'utilise finit par ne plus désigner qu'une attitude pragmatique. On nous demande de bien traiter la nature pour cette seule raison : qu'elle a des effets sur l'homme, mes enfants et les générations à venir. Tous les discours de Means n'ont fait en réalité que placer l'homme dans une position absolument égocentrique face à la nature. On ne nous donne aucune raison morale ou logique pour donner à la nature une valeur propre. Il nous reste à résoudre un problème purement pragmatique.

Means termine son article : « La crise morale contemporaine est bien plus grave que des questions de pouvoir et de lois politiques, d'émeutes et de taudis urbains. Cette crise pourrait bien être un reflet de l'indifférence presque totale de la société européenne face à la valeur de la nature. » Il faut donner raison à Means car la nature a effectivement été maltraitée, par d'autres peuples aussi bien que par les Américains.

Mais remarquez bien qu'il ne donne pas de réponse ; cette absence de réponse se situe à trois niveaux différents : en premier lieu le terme « moral » n'est qu'un terme équivalent à « pragmatique » ; étant donné sa position d'homme moderne n'ayant aucun absolu pour point de repère, Means ne possède pas non plus de base pour édifier sa morale. On peut avoir une base pour un hédonisme (1) [6]ou un contrat social, mais sans absolu il est impossible de fonder une éthique. Même si on la qualifie de « morale » cela se réduit toujours à un « Moi, j'aime » ou à un contrat social et aucun des deux ne relève de la morale. Dans le dernier cas il s'agit du suffrage d'une majorité ou des absolus arbitraires de l'élite d'une société. Dépourvu d'absolus, l'homme moderne est aussi dépourvu de catégories.

---

[6] Système philosophique qui fait du plaisir le souverain bien.

Pensez au film Blow-up; il se résume ainsi : crime sans coupable, amour sans signification. Des catégories sont indispensables à toute réponse véritable et les seules catégories dont ces hommes disposent ne dépassent pas le pragmatisme et la technologie.

On peut le constater chez Means quand il nous entretient de l'abattage des bosquets sacrés. Il n'a pas de catégories qui lui permettent de comprendre qu'on puisse couper un bois sacré parce que c'est une idole et non parce qu'on n'accepte pas leur existence en tant qu'arbres. Ces catégories n'existent pas pour Means : un chrétien qui abattrait un bois sacré vénéré comme une idole ne ferait que prouver, selon Means, son hostilité de chrétien à l'encontre des arbres. Cela ressemblerait un peu à une discussion sur la Bible et sur l'art. La Bible n'est pas « contre » l'art. On pourrait raisonner ainsi : le serpent d'airain que Moïse avait fabriqué fut ensuite brisé par les Hébreux. (2 Rois 18 : 4) Voilà un serpent qu'un roi juif pieux a brisé, par conséquent Dieu est « contre » l'art. On ne doit jamais interpréter ce passage comme une prise de position de la Bible contre l'art. Ayant fabriqué le serpent d'airain sur l'ordre de Dieu, les Hébreux ne le rejetèrent que lorsqu'il devint une idole. Dieu avait ordonné la confection de cette œuvre d'art mais quand elle fut devenue une idole il devint nécessaire de la détruire. La raison n'en est pas l'opposition de la Bible à l'art, mais la transformation d'une œuvre d'art en idole. Voilà ce que l'on entend par « avoir des catégories ».

En tant qu'homme moderne Means n'en possède point. Cela nous ramène au premier point, où, en dépit d'une terminologie raffinée, on assiste à la transposition et la réduction du plan moral au pragmatisme. Ne nous attendons donc pas à trouver chez Means une réponse élevée et de nature morale : sa réponse est en fait absolument terre à terre.[7]

Venons-en au deuxième point : Means fait un grand usage de termes religieux (« moral » pour « pragmatique » par exemple). Il se sert de ces mots à connotation religieuse en raison de leur

---

[7] On retrouve les termes « moral » et « éthique » employés comme de simples équivalents de « pragmatique » dans les conférences de Frank Fraser Darling sur l'écologie (Reith Lectures, 1969). Lui aussi affirme qu'une base morale ou éthique est nécessaire pour résoudre les problèmes écologiques. Mais il n'a pour toute base qu'un grossier pragmatisme, sans notion de morale ou d'éthique. La nature en tant que telle n'a aucun droit, selon Darling, l'homme est tout. Dans le cadre de la nature, l'objet ne possède aucune valeur morale en lui-même. Comme chez Means on ne tient plus compte que de l'homme et des enfants de l'homme.

pouvoir de motivation. Il fait le même usage du mot : panthéisme. Méfions-nous de ce procédé car les mots ont toujours deux sens : la signification propre donnée par la définition, et un sens beaucoup plus général, la connotation. Le champ de la connotation demeure totalement indépendant des changements et remaniements imposés à la définition. L'homme moderne se moque de la définition des mots religieux mais il profite bien volontiers du pouvoir de motivation que leur confère leur connotation. C'est ce que Means est en train de faire. Bien qu'il ait laissé entendre dans sa définition que «moral» équivalait à «pragmatique», il utilise la connotation religieuse de ces mots en espérant qu'elle incitera les gens à traiter la nature avec un peu plus de bienveillance. Nous retrouvons cette même attitude partout : l'exemple de Means n'en est qu'une illustration supplémentaire.

Notons en troisième lieu que nous avons là une religion et une science sociologiques. Means est sociologue, ne l'oublions pas : la religion n'existe pas pour elle-même, pas plus que la science. Il ne laisse subsister qu'une religion et une science utilisées et manipulées à des fins sociologiques.

Un anthropologue de Cambridge, Edmund Leach, se prononce, lui, pour une solution scientifique. Son choix n'est toutefois pas motivé par le caractère d'objectivité de la science, mais bien plutôt par le fait qu'elle lui permet d'atteindre ses objectifs sociologiques. Edmund Leach apparaît ici comme le contraire d'un scientifique. La science est utilisée dans un but de manipulation sociologique. On peut mettre en parallèle les articles de Leach et de Means, ce dernier met simplement la science et la religion au service de la sociologie ; elles disparaissent toutes deux dans ce processus et il ne reste plus d'elles qu'un ensemble d'opérations sociologiques.

Rappelez-vous mon insistance quelques pages en arrière — il vaut la peine d'examiner en détail l'article de Means ; les réflexions qui y sont exposées sont en effet représentatives des idées actuellement largement répandues et qui, présentées avec d'innombrables et subtiles variations se propageront encore pendant les prochaines années. D'une manière générale elles concernent toutes sortes de questions théoriques et pratiques, et en particulier la question écologique de la relation entre l'homme et la nature. Les mêmes idées se retrouvent toujours, que l'on exprime l'unité de tout ce qui est à l'aide d'une quelconque connotation religieuse du mot «panthéisme» ou qu'en termes profanes l'on réduise tout à un ensemble de particules d'énergie.

Voyons maintenant pourquoi aucune forme de panthéisme ne fournit de réponse satisfaisante. En dernière analyse le panthéisme n'accorde de signification à aucun particulier. Dans le panthéisme véritable seul le général possède une signification et le particulier — y compris l'homme — en est privé. Puisque le particulier est dépourvu de signification, il en sera de même pour la nature, dont l'homme fait partie. Sur le plan philosophique aucun système panthéiste n'accorde de signification au particulier que ce soit le panthéisme oriental ou le «pan-tout-isme» occidental moderne qui voit dans la particule d'énergie le commencement de tout. Il ne nous reste plus que l'univers absurde de Jean-Paul Sartre. Le panthéisme rend bien compte de l'unité, mais la diversité n'y a pas de sens. Le panthéisme n'est pas une réponse.

«Le particulier n'a pas de signification pour le panthéisme». Cette affirmation ne constitue pas un simple dilemme théorique, une vague objection philosophique, mais elle entraîne d'importantes conséquences. En premier lieu, tous les «résultats» et toutes les conclusions dérivant du panthéisme ne sont que le produit de la projection des sentiments humains sur la nature. Ce n'est guère différent du romantisme défini par Hoffer, consistant à doter de réactions humaines ce qui est inférieur à l'homme. Nous pouvons fort bien attribuer à la vie amoureuse d'un poulet des qualités humaines ; mais ce faisant, nous déformons la réalité telle qu'elle est vécue par le poulet. Pour pouvoir utiliser avec profit les mots à motivation, toute réponse panthéiste doit d'abord projeter dans la nature les sentiments humains. C'est la vision romantique que Hoffer rejette à juste titre.

Le panthéisme est une réponse insuffisante non seulement en théorie mais aussi dans la pratique. Un homme qui adopte une vue panthéiste de la nature ne peut expliquer les deux visages que possède la nature : un visage bienveillant d'une part, mais d'autre part bien souvent le visage d'une ennemie. La nature est normale pour le panthéiste, il n'y a pas de place pour l'anomalie. Ce problème se pose d'ailleurs de façon très pratique dans La Peste de Camus ; l'auteur y commente le dilemme d'Orion, le chasseur de rats : s'il se joint aux médecins pour combattre la peste, il se bat contre Dieu, et s'il se joint au prêtre, refusant de combattre la peste et la volonté divine, il manquera à son action humanitaire. Camus n'a jamais résolu ce problème. Si nous acceptons ce romantisme mystique et non-chrétien, la question des fréquentes manifestations hostiles de la nature demeure en suspens.

Si tout est un, si tout sans distinction est d'une même essence, comment expliquer les manifestations destructrices de la nature ? Quelle réponse théorique peut-on en donner ? Mais le problème ne se limite pas au plan théorique, Camus l'a bien compris. Demandons-nous plutôt comment combattre la peste.

Le chrétien, lui, peut la combattre ; à l'entrée du tombeau de Lazare, (Jean 11) Christ affirmait bien sa divinité et pourtant Il était furieux, oui, furieux, le texte grec est formel. Il lui était possible d'être furieux contre la peste sans être en colère contre Lui-même. C'est la Chute, fait historique situé dans l'espace et dans le temps, qui est accusée à cet endroit. Le chrétien n'éprouve pas les difficultés de Camus. Mais si un mysticisme panthéiste est proposé en guise de solution, on ne saura comment expliquer l'aspect malveillant que prend quelques fois la nature ; on ne pourra comprendre l'origine des deux visages de la nature et il restera toujours à trouver une raison, un moyen pour « combattre la peste ». Ceci demeure vrai en dépit de tous les beaux discours que l'on voudra tenir, de tout le panthéisme, qu'il soit oriental ou moderne et occidental, comme le mouvement hippie ou la théologie moderne.

Répétons cette règle absolue : le panthéisme rabaisse toujours l'homme au lieu de l'élever. Qu'elle vienne de l'Orient ou qu'elle représente le scientisme moderne ramenant tout à la particule d'énergie, la réponse panthéiste, loin de relever la nature, finit par rabaisser l'homme ; on peut le constater à maintes reprises : A. Schweitzer a beaucoup parlé du respect de la Vie, pourtant un de ses collaborateurs médecins nous dit qu'il aurait souhaité de la part de Schweitzer moins de vénération et davantage d'amour pour la vie et pour les hommes. Vers la fin de sa vie, le panthéisme de

Schweitzer rabaissait les hommes au milieu desquels il travaillait au lieu de les élever.

Le panthéisme oriental aboutit au même résultat : une véritable base pour la dignité humaine n'existe pas dans les pays orientaux. Remarquons aussi que le Marxisme idéaliste ne peut être qu'une hérésie chrétienne ; il n'aurait jamais pu naître en Orient. Si le Marxisme idéaliste est si fort, c'est qu'il insiste sur la dignité de l'homme, ce que l'Orient n'aurait jamais pu accepter, car il n'y a pas de place pour une authentique dignité humaine dans le panthéisme oriental. Le Marxisme est une hérésie judéo-chrétienne.

Il en va de même pour l'économie. Le dilemme économique est compliqué par le système panthéiste, où les rats et les vaches peuvent manger librement la nourriture dont l'homme a besoin, et l'homme en est rabaissé au lieu d'en être grandi. On finit même par donner la préférence aux rats et aux vaches et l'homme disparaît peu à peu à l'intérieur de ce système, par exemple sur le plan de la personnalité et de l'amour, ou encore dans le domaine économique.

Quiconque propose une réponse panthéiste méconnaît le fait que, loin d'élever la nature à la hauteur de l'homme, le panthéisme les précipite tous deux dans un bourbier. En fin de compte il ne reste plus de catégories, et on n'a plus aucune raison de différencier dans la nature le bien et le mal. Avec le panthéisme il ne nous reste sur le plan moral que la maxime du Marquis de Sade : « Ce qui est, est bon » et l'homme ne vaut pas plus que l'herbe.

3

AUTRES RÉPONSES IMPARFAITES

Le monde occidental se tourne vers le panthéisme pour résoudre ses problèmes écologiques, mais celui-ci ne fait que diminuer l'être humain car il permet au pragmatisme et à la technologie impersonnelle d'affermir leur règne. Le panthéisme n'est pas la solution; empressons-nous cependant d'ajouter qu'un christianisme médiocre ne vaut guère mieux. Le christianisme byzantin antérieur à la Renaissance par exemple, n'est pas plus satisfaisant que le panthéisme. Pour les Byzantins, seules les choses célestes possédaient une réelle importance, et elles étaient si élevées, si éloignées et si saintes que même Marie n'était jamais vraiment représentée; les icônes et les mosaïques n'en étaient que la représentation symbolique. A cette période-là ces choses célestes étaient tout ce qui comptait dans la vie. Il y a donc bien une forme de christianisme qui n'accorde pas à la nature la place qui lui revient. Puisque la nature ne compte pas, ce christianisme-là n'en résoudra jamais le problème.

A l'aube de la Renaissance, comme le Moyen Age s'éteignait, Van Eyck se mit à représenter la nature dans ses tableaux. Masaccio, de son côté, allant plus loin que Giotto, commença à peindre la nature dans son aspect réel comme nous le voyons dans la merveilleuse Église des Carmes à Florence. Un authentique art chrétien aurait pu se développer à ce moment-là car le véritable christianisme accorde une place à la nature. Les arrière-plans de Van Eyck, les peintures aux effets de relief et de lumière de Masaccio auraient pu être un premier pas vers un authentique art chrétien où la nature occuperait sa juste place – ou encore vers l'humanisme.

Le panthéisme n'offre pas une vision juste de la nature mais il faut bien comprendre que n'importe quel christianisme, (par exemple le christianisme byzantin, ou un christianisme basé sur l'opposition nature-grâce) ne constitue pas davantage une solution. Le concept de nature et de liberté chez Jean-Jacques Rousseau et Kant ou bien le christianisme de Kierkegaard ne sont pas plus satisfaisants.[8] On chercherait en vain dans toutes ces conceptions de la nature une véritable réponse chrétienne, ou même une réponse tout court, que son auteur emploie une terminologie religieuse ou non. Le problème reste donc entier.

Le christianisme de la Réforme diffère de toutes ces conceptions en ce qu'il résout cette dichotomie de la grâce et de la nature en une unité où la nature, en même temps que les choses célestes, acquiert une signification. Dieu a parlé et cette unité existe justement parce que Dieu s'est révélé. L'unité de la Réforme contraste ainsi avec la dichotomie grâce-nature de la Renaissance. En nous appuyant sur les révélations de Dieu concernant à la fois les choses célestes et la nature, nous pouvons véritablement appréhender l'universel et le particulier, y compris la signification et la destination de ce dernier. Cette unité ne résulte pas d'un rationalisme ou d'un humanisme où l'homme se prendrait comme unique point de départ et rassemblerait et examinerait les données du particulier pour essayer d'aboutir à un universel, que ce soit dans le domaine philosophique ou chez Léonard de Vinci essayant de représenter l'âme dans la peinture.

Les hommes de la Réforme avaient réalisé l'unité car ils croyaient aux déclarations de la Bible et aux révélations que Dieu avait faites sur Lui-même et sur le cosmos. Dans la Confession de Foi de

---

[8] Pour une analyse détaillée des questions à peine effleurées ici, voir « The God Who is There » (Hodder and Stoughton, 1968, Londres) et « Démission de la Raison ».

Autres réponses imparfaites

Westminster, ce magistral énoncé de la doctrine chrétienne, il est dit que Dieu a révélé ses attributs et qu'ils sont vrais non seulement pour nous mais aussi pour Lui. Puisque Dieu s'est exprimé sur Lui-même, sur l'univers et sur l'Histoire, nous possédons de cette révélation une connaissance authentique, quoique non-exhaustive.

Un christianisme de ce genre, bâti sur la révélation, est seul à pouvoir fournir une réponse satisfaisante aux problèmes de la nature et des rapports de l'homme avec elle.

Cette attitude est déjà perceptible chez Dürer, qui en fait peignait quelques années déjà avant l'apparition de Luther. Ainsi que le souligne le Professeur Rookmaker de l'Université Libre d'Amsterdam, Dürer traversa une période humaniste puis adopta la réponse biblique qui lui fit connaître la véritable place de la nature.

Pensez aussi aux peintres hollandais de la période qui suivit la Réforme : ils ont représenté la nature d'une façon magnifique. Les plus grands de ces tableaux font incontestablement une place très importante à la nature, au monde tel qu'il est. Cependant, dans la période précédent la Réforme, dans le Nord comme dans le Sud, ce fut l'Humanisme qui triompha avec Van Eyck et Masaccio ; et avec l'avènement de l'homme moderne on aboutit à une impasse. Celui-ci ne sait que faire de la nature, que ce soit en peinture ou dans la vie pratique, et il n'en sait pas plus long sur l'homme lui-même. La Réforme avait pourtant restauré l'unité fondée sur la révélation divine, unité des choses célestes et de la nature ; c'est parce qu'ils avaient pris connaissance de cette unité que les peintres hollandais de l'époque purent accorder à la nature toute la place qui lui revient.

Les différentes formes de christianisme n'apportent donc pas automatiquement la réponse, insistons bien là-dessus. Il y a par exemple un christianisme évangélique trop faible et incapable de fournir une solution. C'est le cas de tout christianisme qui repose sur une dichotomie, une sorte de concept platonique.

Il nous faut reconnaître avec tristesse qu'une grande partie du christianisme évangélique est fondée sur ce concept platonique où l'on ne s'intéresse plus qu'au « niveau supérieur », aux choses célestes, à « l'âme » qu'il faut « sauver » et conduire au paradis. Malgré une terminologie évangélique, ce concept supprime ou réduit considérablement l'intérêt que l'homme pourrait avoir pour les plaisirs légitimes du corps et l'utilisation correcte de son intelligence. On trouve aussi dans un christianisme de ce genre une forte tendance à ne voir en la nature qu'un argument classique en faveur de l'existence de Dieu. « Regardez la nature, » nous dit-on, « regardez les Alpes, elles sont assurément l'œuvre de Dieu. » Et cela s'arrête là. Les chrétiens qui se limitent à ce point de vue en font une simple preuve académique de l'existence du Créateur, une arme apologétique. La nature en elle-même ne les intéresse guère car ils ne pensent pas que l'on puisse lui accorder une valeur intrinsèque.

On retrouve cette croyance sous une forme extrême aux Pays-Bas chez une secte que les chrétiens de là-bas appellent « les Calvinistes aux Bas-Noirs ». Leur tradition permet de traiter les animaux avec cruauté sous prétexte que, n'ayant pas d'âme, ils n'iront pas au paradis. La plupart de ces gens se croient très évangéliques mais ils sont bien loin de l'être. Ils tiennent fermement à la confession de Foi, et cependant ils battent leurs animaux et leur lancent des coups de pied en les traitant comme ils le veulent. Cette conception de la nature n'est qu'une distorsion du christianisme.

Ce concept étriqué se retrouve souvent, la plupart du temps sous des formes atténuées. Il y a quelques années, je donnai une conférence dans une école chrétienne située dans une vallée encaissée. Sur le versant opposé se trouvait une communauté de « hippies », comme on les appelle là-bas, bien qu'ils ne le fussent pas réellement. De l'école où je me trouvais, on voyait des arbres et quelques fermes. On me rapporta qu'ils célébraient là les vendanges selon un rite païen. Pour satisfaire ma curiosité, je me rendis alors sur l'autre versant de la vallée et visitai l'un des chefs de cette communauté « bohème ».

Nous sympathisâmes tout de suite ; pendant que nous nous entretenions de la nature, je pus lui parler de la réponse qu'apporte le christianisme aux problèmes de la vie et de l'écologie, et je fus flatté quand il me dit que j'étais la première personne venant de « l'autre côté de la vallée » à qui l'on avait montré l'endroit où se pratiquaient leurs vendanges, ainsi que leur idole païenne placée sur un fond de mythologie classique grecque et romaine.

Alors, il se tourna vers l'école chrétienne et me dit : « Regardez-moi ça, n'est-ce pas hideux ? » Je ne pus le contredire. Qu'il était triste, le spectacle de cet affreux bâtiment, sans même un arbre à l'entour !

C'est alors que je réalisai à quel point cette situation était tragique : vu de l'école chrétienne, le camp des «hippies» composait un tableau d'une grande beauté. Ils avaient même pris la peine de cacher les câbles électriques sous les arbres. Mais que la communauté chrétienne était laide, vue de la communauté païenne !

C'est une chose terrible que ce christianisme-là élude la question de la responsabilité de l'homme dans sa relation avec la nature.

Le panthéisme n'est pas en mesure de résoudre le problème international de l'écologie. Le concept de Saint-François d'Assise, tel que le présente Lynn White, (égalité de toutes choses et leur autonomie spirituelle) est également décevant car il est certain que l'homme détient un rôle particulier, absolument unique dans la nature. Ajoutons que la réponse ne se trouve pas davantage dans un christianisme platonique. Lynn White a malheureusement raison quand il déplore la trop grande influence que le «platonisme» a exercée tout au long de l'Histoire sur la conception chrétienne de la nature.

4

L'OPTIQUE CHRÉTIENNE : LA CRÉATION

Le point de vue chrétien sur la nature est fondé sur le concept de création. Dieu, présent dès avant le commencement, a tout créé ex-nihilo. Il s'ensuit que la création n'est pas une extension de l'essence divine, mais que les choses sont bien réelles et possèdent une existence intrinsèque.

Whitehead, Oppenheimer et d'autres encore font remarquer que l'avènement de la science moderne n'est que le résultat d'un consensus ambiant inspiré par le christianisme historique. Pourquoi cela ? Parce que, ainsi que Whitehead l'a souligné, les chrétiens croient au Dieu créateur d'un monde qui existe réellement en-dehors de lui-même ; puisque Dieu est un être raisonnable, on peut espérer découvrir l'ordre de l'univers par la raison. Whitehead a tout à fait raison ; il n'est pas chrétien, cependant il a compris que la science moderne n'aurait jamais vu le jour sans le point de vue biblique du christianisme.

De même le point de vue biblique, loin de réduire la nature à l'état d'arme ou d'argument apologétique, lui donne une valeur propre parce que Dieu l'a créée. « Quelque chose existe » : telle est la proposition philosophique fondamentale selon Jean-Paul Sartre. Et la nature existe, même si l'homme ignore pourquoi ! Mais le chrétien, lui, connaît la réponse : elle existe parce que Dieu l'a créée ex-nihilo et qu'elle est à sa place. Les choses créées ne sont pas une extension de l'essence de Dieu, «un rêve de Dieu» ainsi que le maintiennent certaines philosophies orientales ; non, elles existent vraiment. Malgré les apparences, cette affirmation n'est ni naïve ni évidente : c'est un concept profond entraînant de profondes conséquences. Pensez aux arguments de Hume contre la relation de cause à effet : ils sont réduits à néant tout simplement parce que la nature existe réellement, parce que Dieu lui a donné l'existence en la créant et que parce qu'ils existent, les éléments de la nature ont un effet les uns sur les autres.

N'est-il pas curieux — comme nous l'avons déjà remarqué — qu'après la Réforme les peintres hollandais se soient mis à représenter la nature ? Ils ne sentaient plus le besoin de se limiter aux sujets religieux et ils les délaissèrent même presque complètement. La plupart des artistes reconnurent soudain la valeur de la nature ; ils réalisèrent aussi qu'il était parfaitement chrétien de la représenter dans leurs œuvres.

La véritable mentalité chrétienne est celle de la Réforme, celle de la vision biblique selon laquelle la nature est digne d'être représentée par le peintre, et possède par conséquent une valeur en elle-même. Cette notion repose sur le concept de la «création ex-nihilo». Toutes choses ont été créées par Dieu ex-nihilo. Toutes choses, l'homme y compris, sont à mettre sur le même plan en raison de leur origine commune : la création.

Tout ceci dépend bien sûr de la nature de Dieu : Dieu existe mais encore faut-il connaître quelle est sa nature. Le Dieu judéo-chrétien est complètement différent de tous les autres dieux ; c'est un Dieu Personnel et Infini. Les dieux de l'Orient sont infinis par définition, car ils sont à la fois mâles et femelles, cruels et doux, et ainsi de suite. Mais ils ne sont jamais personnels. Les dieux de l'Occident par contre, les dieux grecs et romains, le grand dieu Thor et les dieux anglo-saxons étaient personnels mais toujours limités et finis.

Le Dieu judéo-chrétien est donc unique ; il est Infini tout en étant Personnel.

L'optique chrétienne : la création

Comment comprendre la création ? Dieu étant infini il y a un abîme entre Lui et Sa création : Il crée toutes choses, Lui seul est créateur, tout le reste est créé, Lui seul est infini et créateur, tout le reste est créé et fini. Lui seul est indépendant, tout le reste est dépendant. Ainsi selon la Bible, l'homme, l'animal, la fleur et la machine sont également séparés de Dieu en ce qu'il les a tous créés. A l'échelle de l'infini, l'homme est aussi éloigné de Dieu que la machine.

Le DIEU PERSONNEL et INFINI.

			Abîme
Abîme	l'homme	l'homme	
	l'animal	l'animal	
	la plante	la plante	
	la machine	la machine	

Dieu étant infini, il y a un abîme entre Lui et tout le reste, entre le Créateur et les créatures. Mais il y a encore un autre plan : Dieu est aussi personnel ; là, l'animal, la fleur et la machine se situent en-dessous de l'abîme ; nous venons de dire que sur le plan de l'infini divin tout était pareillement éloigné de Dieu ; par contre sur le plan de la personnalité, Dieu a créé l'homme à sa propre image. L'homme est par conséquent relié à ce qui est au-dessus de lui plutôt qu'à ce qui se trouve en-dessous de lui.

La simple compréhension de ce fait permet de découvrir et de comprendre l'une après l'autre toutes les causes du désarroi de l'homme moderne.

L'homme possède une relation fondamentale dirigée non pas vers le bas, mais bien plutôt vers le haut. En tant que personne, l'homme est séparé de la nature parce qu'il est à l'image de Dieu. Sa personnalité fait de lui un être unique au sein de la création ; il est toutefois relié à toutes les autres créatures en ce qu'il a aussi été créé. Bien que séparé du reste de la création, en tant que créature finie il est appelé à entretenir une certaine relation vers le bas, avec la partie de la création qui se trouve en-dessous de lui. Mais ce serait une erreur de s'en tenir à cette relation vers le bas. Albert Schweitzer se découvrait un lien avec l'hippopotame de la brousse parce qu'il ne possédait pas de relation suffisante vers le haut. L'homme fait à l'image du Dieu personnel possède deux sortes de relations, l'une dirigée vers le haut, l'autre dirigée vers le bas. S'il ne parvient pas à établir la relation vers le haut, il lui faudra, bien sûr, fixer son point d'attache au dessous de son niveau. Le chrétien rejette cette dernière attitude car il connait la nature de l'homme. Contrairement à l'homme moderne, il n'est pas menacé par la machine : il sait qui il est. Ce n'est pas avec orgueil qu'il affirme cela, mais avec humilité et respect car il sait qu'il est fait à l'image de Dieu. Il rejette tout ce qui lui fixerait son point d'attache vers le bas. Les chrétiens rejettent le point de vue qui n'établit aucune distinction entre l'homme et les autres choses ou qu'une distinction quantitative. Ils rejettent tout autant l'attitude qui consiste à séparer radicalement l'homme de toutes les autres créatures.

Que suis-je alors ? Ne suis-je qu'un atome d'hydrogène, une super particule énergétique ? En tant que chrétien je réponds que je suis fait à l'image de Dieu, que je sais qui je suis ; et pourtant je découvre dans la nature quelque chose qui me ressemble, car moi aussi j'ai été créé, comme l'animal, la plante, et l'atome.

Ceci est à mettre en parallèle avec l'amour du chrétien pour les autres ; la Bible demande au chrétien de n'aimer comme ses frères en Christ que les chrétiens ; tous les hommes ne sont pas nos frères en Christ, bien que la théologie libérale proclame aujourd'hui le contraire ; d'après la Bible, deux hommes sont frères s'ils ont le même père. L'enseignement de Jésus est clair là-dessus ; Dieu devient le Père d'un homme seulement si celui-ci s'en remet entièrement au Messie annoncé par les prophètes de l'Ancien Testament, notre Sauveur venu accomplir son œuvre de rédemption.

Tous les hommes ne sont pas frères en Christ, mais il ne s'ensuit pas pour autant que nous ne devions pas aimer tous les hommes comme nos prochains. Voilà la portée formidable de la parabole du bon Samaritain. Le commandement d'amour qui crée une relation particulière entre des frères en Christ n'annule en aucune façon la seconde exhortation de Dieu à aimer tous les hommes comme nos prochains. C'est parce que mon prochain est du « même sang » que moi que je dois l'aimer. Le Nouveau Testament emploie d'ailleurs l'expression « un même sang » pour évoquer l'unité de tous les hommes en tant que créatures de Dieu. Le chrétien sait que tous les

L'optique chrétienne : la création

hommes de toutes les races et de toutes les langues ont une origine commune, qu'ils ont le même sang.

Possédant tout au plus la notion biologique d'« espèce humaine », l'évolutionniste, « l'homme moderne », lui, ne peut pas vraiment rendre compte de cette origine commune, cette parenté qui existe entre les hommes.

Mais le chrétien comprend que tous les hommes ont la même origine qu'ils ont la même chair et le même sang. Il y a donc du point de vue biblique deux humanités ; d'une part les hommes qui sont en révolte contre Dieu et d'autre part ceux qui l'étaient autrefois (car il n'en est point qui appartiennent de naissance à ce second groupe). Les membres de cette deuxième humanité ayant cru en Christ, ont placé toute leur confiance en Dieu et sont devenus enfants de Dieu.

N'oublions pourtant pas qu'il n'y a qu'une seule humanité, aussi paradoxal que cela paraisse et quoiqu'en disent certains chrétiens évangéliques qui, refusant de le reconnaître, adoptent un point de vue trop étroit en réaction contre la théologie libérale qui insiste trop ; elle, sur l'unité de l'humanité et passe sous silence la distinction qu'établit la justification. Il y a à la fois une seule humanité et deux humanités : le chrétien doit comprendre qu'il y a deux humanités et aimer en particulier ses frères en Christ ; et pourtant Christ nous a aussi recommandé d'aimer tous les hommes comme nos prochains car nous ne faisons qu'un avec eux.

Il en va de même avec la nature : nous sommes séparés de la partie « inférieure » de la création, et pourtant nous avons un lien avec elle. Il n'est pas question de choisir, les deux situations correspondent à la réalité. Je suis séparé de la nature car je suis fait à l'image de Dieu : mon point d'attache est fixé au-dessus et non en-dessous de moi, et je n'ai pas à regarder en arrière pour le trouver dans la création. Je suis pourtant uni à la nature, ayant été comme elle, créé par Dieu.

Vous ne trouverez ce concept dans aucune autre philosophie ; il explique par exemple les fonctions biologiques de l'homme qui font ressembler son corps à une machine : il n'est pas surprenant que notre système respiratoire s'apparente à celui des chiens et des chats ; Dieu a destiné l'homme et ces animaux-là à un même environnement. C'est par ces fonctions mécaniques que l'homme est relié à ce qui se situe au-dessous de lui. Il y a aussi conditionnement sur le plan psychologique, non seulement chez les animaux, mais, dans une certaine mesure, aussi chez l'homme. Et c'est bien normal, puisque l'homme possède une relation vers le bas, en même temps qu'une relation vers le haut. N'oublions pas toutefois que la relation fondamentale que j'entretiens n'est pas dirigée vers le bas. La machine ne m'effraie pas, elle ne me domine ni me menace, car je suis fait à l'image de Dieu. Parce que je suis relié aux choses «inférieures», (nous verrons toutefois que ce terme «inférieures» n'est pas adéquat), je peux comprendre pourquoi je possède des fonctions «mécaniques» et pourquoi je suis soumis à un certain conditionnement. Quand je considère alors ces animaux, ces plantes et ces machines, non seulement intellectuellement mais aussi psychologiquement, je commence à «sentir», à entrevoir quel comportement je devrais adopter à leur égard. Ma réflexion sur la vie change, la nature me paraît différente. J'en suis séparé et pourtant je suis attaché à elle.

Faisons bien la distinction entre «intellectuellement» et «psychologiquement». Intellectuellement je peux bien sûr affirmer que l'arbre est une créature comme moi; mais je dois aller plus loin et voir l'aspect psychologique de la question: je devrais «sentir» psychologiquement que je suis en relation avec l'arbre car nous sommes tous deux des créatures. Il ne suffit pas de maintenir cette relation au plan intellectuel et d'en faire un nouvel argument apologétique, mais nous devrions réaliser (et aider les membres de nos églises à réaliser), que, sous le rapport de l'infinité de Dieu et de notre limitation, nous ne faisons qu'un avec l'arbre car nous sommes tous des choses créées.

Nous ne trouvons pas seulement des raisons d'ordre esthétique à la base de cette relation — quoique la beauté ait une grande importance et constitue une raison à elle toute seule — mais le fondement en est que Dieu a créé les choses d'une certaine façon et que nous devons les traiter en respectant leur intégrité. Le chrétien traite donc les choses avec intégrité parce qu'il ne croit pas à leur autonomie. Le dilemme que connaît l'homme d'aujourd'hui est dû au fait qu'il a rendu toutes choses autonomes vis-à-vis de Dieu. Simone Weil a parfaitement ressenti que l'homme moderne vit dans un monde de choses décréées, complètement autonomes. Pour le chrétien cette autonomie n'existe pas, car Dieu a tout créé, donnant à chaque chose une place bien déterminée. Les créatures ont une valeur non parce qu'elles ont une existence autonome, mais parce que Dieu en est le Créateur; elles ont donc droit au respect. Il faut respecter l'arbre qui pousse dans un champ, mais ne pas le voir d'une manière trop romantique, comme cette vieille dame qui attribuait des réactions humaines à son chat : cette attitude ne correspond à rien de réel. Abattre un arbre à la hache pour se procurer du bois de chauffage n'est pas commettre un meurtre : on coupe du bois et non un être humain. Tout en refusant cette vision romantique, nous devons réaliser que l'arbre est une œuvre de Dieu et qu'il mérite notre respect parce que Dieu l'a créé en tant qu'arbre. Le partisan de l'évolutionnisme total ne pourra jamais éprouver à l'égard de la nature le même respect qu'éprouve le chrétien qui n'accepte pas l'échelle évolutionniste dans sa totalité, mais qui croit que Dieu a créé chaque chose dans son domaine particulier. Le chrétien possède ainsi un motif sérieux pour traiter chaque créature avec un profond respect. La mise en pratique de cette relation doit servir d'argument dans toute discussion sur ce sujet entre un chrétien et un évolutionniste.

Rappelons de nouveau que les concepts platoniciens risquent de déteindre sur la pensée chrétienne. Pour le platonisme la matière est haïssable; si nous nous rendons compte que Dieu l'a faite, ce concept devient irrecevable. Croire que chaque chose a reçu une place particulière lors de la création, et penser que les choses sont « basses », dans le sens de vil, par opposition à « élevé », sont deux notions différentes. Cette notion d'infériorité et ses différentes connotations ne sont vraiment pas à leur place ici, ce serait même insulter Dieu que de juger ainsi sa Création.

Nous avons une seconde raison de ne pas mépriser la matière : c'est que le corps de Christ est ressuscité des morts. C'est un point de la plus haute importance, car la résurrection n'est pas seulement une réalité doctrinale. Nous devrions la considérer comme une vérité qui nous permette d'adopter une attitude face à la vie.

Christ est réellement ressuscité des morts; on pouvait toucher son corps et on l'a vu manger. Ce corps ressuscité se trouve quelque part à l'heure actuelle ; nous ne pouvons donc accepter la position de Tillich réduisant les cieux à « un ailleurs philosophique ». La perspective de John Robinson me paraît juste dans son ouvrage Dieu sans Dieu. Il voit le point capital dans l'ascension et non dans la résurrection. Il en a certainement saisi les implications. Alors que les théologies modernes pourraient à la rigueur accepter la résurrection physique, on ne peut concevoir un corps capable d'absorber de la nourriture nous quittant pour un « ailleurs philosophique ».

Voilà donc toute l'importance de l'ascension à laquelle nous croyons, de même que nous croyons que le corps de Jésus-Christ se trouve quelque part dans le monde invisible. La résurrection et l'ascension nous montrent clairement qu'il est faux de créer une séparation entre le spirituel et le matériel. Tout concept opposant le matériel et le spirituel contredit la Bible. N'est-il pas écrit que notre corps sera lui aussi ressuscité des morts ?

On trouve aussi dans la perspective biblique ce que j'appellerai l'alliance de Dieu avec la Création. Dans les alliances que Dieu a conclues avec nous au moyen des Écritures, nous trouvons des promesses fantastiques, comme celles faites à Abraham et au peuple Juif, et la promesse adressée à chaque homme dans le Nouveau Testament : « Celui qui croit au Fils a la vie éternelle. » Dieu ne manquera pas à ces alliances et à ces promesses énoncées verbalement dans la Bible.

Il y a en fait deux sortes d'alliances : outre l'alliance écrite nous trouvons ce que j'appellerai l'alliance de la Création. En plus de l'alliance énoncée sous forme de propositions, dans la Bible, nous avons une alliance conclue avec la création et fondée sur la manière dont Dieu l'a créée : Dieu traitera tout élément de la création en tenant compte de la nature qu'Il lui a donnée. Il ne violera jamais aucune de ces alliances. Une plante sera toujours une plante pour Lui ; Il traitera un animal en animal, une machine en machine et un homme en homme. Jamais il ne violera l'ordre institué à la Création. Il n'exigera jamais d'une machine un comportement humain, ni d'un homme un comportement mécanique.

Dieu traite donc sa Création avec intégrité, chaque chose selon sa catégorie. Si c'est ainsi que Dieu traite sa création, ne devons-nous pas traiter notre semblable — une créature comme nous — avec la

L'optique chrétienne : la création

même intégrité ? Si Dieu traite l'arbre comme un arbre, la machine comme une machine et l'homme comme un homme, ne devrais-je pas, moi, une créature comme eux tous, traiter la machine en machine, l'homme en homme, la plante en plante, chaque chose selon sa catégorie ? « Mais pourquoi ? » nous demande-t-on ; pour la raison suprême : j'aime Dieu, j'aime Celui qui a tout créé ! Aimant le Dieu d'Amour qui a tout fait, je dois aussi éprouver du respect pour la chose qu'il a créée.

Sans toutefois devenir panthéistes, nous devons cependant nous appliquer à éprouver ce respect et c'est consciemment que nous traiterons chaque chose en fonction de son rang et de son niveau. Comme bien d'autres détails de la vie chrétienne, cette attitude ne s'acquiert pas automatiquement, mécaniquement, car Dieu nous traite en hommes et s'attend à nous voir agir en hommes. C'est consciemment que nous devons respecter l'intégrité de tout ce que nous touchons en respectant son rang et son niveau.

Un bon architecte accorde aujourd'hui une grande place à un problème analogue : il s'efforce tout d'abord d'utiliser ses matériaux avec intégrité. Il n'essaiera pas de faire croire qu'un mur en béton est un mur en briques. Le deuxième point, sur lequel le grand architecte F. L. Wright a beaucoup insisté, le concept de l'intégrité du bâtiment par rapport à l'intégrité du terrain, manifeste également le désir des architectes modernes de traiter le matériau avec équité. Si nous voulons qu'une construction soit belle et en harmonie avec le paysage environnant, nous ne devons pas oublier de respecter l'intégrité du terrain et celle du matériau utilisé.

Ce concept — appliqué ici à l'architecture — est valable pour tous les hommes, qui, même s'ils n'en sont pas conscients, sont faits à l'image de Dieu. Il prend toutefois une dimension particulière pour le chrétien ; puisque Dieu a tout créé et qu'Il agit avec intégrité, je devrais agir avec la même intégrité, non seulement par souci d'esthétique, mais parce que c'est la manière d'agir de Dieu. Si Dieu agit ainsi, traitant la machine en machine, l'homme en homme, la plante en plante, et l'animal en animal, notre attitude, à nous qui ne sommes pas simplement des créatures mais qui avons choisi d'appeler Dieu notre Créateur, sera sûrement dictée par des raisons positives et dynamiques et pas simplement par des raisons statiques ;

il y a dans notre attitude une finalité qui doit s'inscrire dans le plan de Dieu. Notre relation avec Dieu ne peut être satisfaisante que si je traite les choses qu'il a créées de la même façon que Lui.

La valeur d'une chose ne réside donc pas en elle-même indépendamment de tout le reste ! Je l'ai souligné dans mes précédents ouvrages : proclamer l'autonomie d'un élément revient à détruire l'ensemble. Il en est de même ici ; ce n'est pas en considérant la nature comme si elle était totalement autonome que nous découvrirons sa réelle valeur.

Délaissant l'individu, la sociologie moderne ne s'occupe plus que de l'homme en général, de « moyennes sociologiques ». Cependant dans le domaine tout récent de l'écologie, l'homme moderne se met à crier qu'il étouffe dans sa cité et que son océan est aussi en train de mourir. Voilà qui dépasse les considérations sociologiques sur les masses humaines. L'individu doit maintenant remettre en question son attitude personnelle face à la nature. Comment l'homme moderne la traite-t-il donc ? L'océan, par exemple, n'a en réalité aucune valeur pour lui. Toute la valeur qu'il peut lui accorder relève d'un grossier pragmatisme ; il le traite comme une chose au pire sens du mot, l'exploitant pour le « bien » de l'homme. Celui qui croit que les choses ne doivent leur existence qu'au hasard ne peut pas vraiment leur accorder de valeur. Pour le chrétien au contraire, la valeur d'un objet ne réside pas en lui-même, indépendamment de tout le reste, mais dans le fait que Dieu l'a créé, et en tant que créature de Dieu il mérite d'être respecté au même titre que l'homme.

Pour ce qui est de l'écologie, toutefois, une grande partie du « christianisme » est loin derrière l'animisme, et Lynn White a raison de le souligner ; les animistes croient à la présence d'esprits dans les arbres et s'abstiennent par conséquent de les abattre à tort et à travers. Bien plus que les animistes, les chrétiens ont effectivement manqué de retenue vis-à-vis de la nature, non pas parce que le christianisme n'a pas de réponse à la question de l'environnement, mais plutôt parce que, possédant la réponse, ils n'en ont pas tenu compte dans leurs actes. Le christianisme donne bien à l'arbre une valeur supérieure à celle que l'animisme peut lui donner, mais dans nos actes nous semblons ignorer cette valeur qu'il possède en tant que créature de Dieu.

L'optique chrétienne : la création

Nous avons ici un élargissement du «concept de sphère» d'Abraham Kuiper; chaque homme a plusieurs aspects : le citoyen, l'employeur, le père de famille, l'ancien à l'église, le professeur à l'université… chaque qualité appartenant à une sphère particulière. Tout en évoluant dans différentes sphères à différents moments, le chrétien doit se comporter en chrétien dans chacune des sphères. Qu'il se trouve à son lieu de travail ou chez lui, il ne cesse d'être homme et ne cesse d'être un chrétien soumis aux lois de l'Écriture.

Il dira alors : je suis chrétien, mais pas seulement chrétien ; je suis aussi la créature, j'ai été créé ; je ne suis pas autonome et j'ai affaire à d'autres créatures qui ne sont pas non plus autonomes. En tant que chrétien, je dois m'appliquer à traiter toute chose créée avec intégrité, dans la sphère qui lui est propre depuis la création.

En résumé, nous rappellerons cette vérité fondamentale : Dieu a fait tous les hommes et toutes les choses. Il a fait mon corps et mon âme, il m'a fait avec les appétits de mon corps et ceux de mon esprit. Et comme il m'a créé moi, il a créé toutes les autres choses. Oui, il a fait les pierres, les étoiles et les parties les plus reculées de l'univers ! Nier la valeur de la moindre de ces choses revient en fait à insulter le Dieu qui l'a créée.

Pourquoi les chrétiens n'ont-ils pas suivi la voie qui leur était si nettement indiquée ? Pourquoi prétendre que le corps est inférieur à l'âme, quand Dieu les a faits tous les deux ?

Le Dieu de la création est venu dans un corps d'homme ; le Christ ressuscité pouvait manger et on pouvait toucher son corps. La Bible insiste bien sur la résurrection, cet événement qui a réellement eu lieu dans l'espace et dans le temps ; ce corps qu'on pouvait toucher et qui avait besoin de nourriture n'était pas un simple esprit, quelque chose comme une apparition ou un fantôme. Il est ensuite monté au ciel et Il est passé dans le monde invisible. Ce corps matériel demeure en ce moment dans le monde invisible jusqu'au jour de l'histoire à venir où il réapparaîtra dans le monde visible.

Ainsi quand Christ reviendra, notre corps ressuscitera des morts par une véritable résurrection physique. Qu'il s'agisse par conséquent de notre corps ou de celui de Jésus-Christ, c'est Dieu qui l'a créé et il est important de ne pas le mépriser comme quelque chose d'inférieur.

Songez à l'alliance conclue par Dieu avec la création à l'époque de Noé. Dans la Genèse (chapitre 9, versets 8 à 17), Dieu dit : « Voici, j'établis mon alliance avec vous (le genre humain) et avec votre postérité après vous ; avec tous les êtres vivants qui sont avec vous. » Dieu fixe ainsi la relation qui doit exister entre Lui même et sa création ; cette alliance ne se limite pas au genre humain, mais s'étend à toute la création. « C'est ici le signe de l'alliance que j'établis entre moi et vous, et tous les êtres vivants qui sont avec vous » lit-on au verset 12, puis au verset suivant : « J'ai placé mon arc dans la nue, et il servira de signe d'alliance entre moi et la terre ». La promesse de Dieu concerne toute la création ; Dieu s'y intéresse, il ne la méprise pas. Le point de vue platonicien n'est donc absolument pas fondé et on ne saurait le justifier par la Bible en aucune façon. Moi, qui suis une créature, je n'ai pas le droit de mépriser ce que Dieu a créé.

5

LE POINT DE VUE CHRÉTIEN POUR UN RENOUVEAU

Dans l'épître aux Romains, au chapitre 8, l'apôtre Paul décrit ce qui arrivera lors du retour de Jésus. Il dit : (versets 19 à 25) « Aussi la création attend-elle avec un ardent désir la révélation des fils de Dieu (les chrétiens). Car la création a été soumise à la vanité, — non de son gré, mais à cause de celui qui l'y a soumise, — avec l'espérance qu'elle sera aussi affranchie de la servitude de la corruption, pour avoir part à la liberté de la gloire des enfants de Dieu. Or nous savons que, jusqu'à ce jour, la création tout entière soupire et souffre les douleurs de l'enfantement. Et ce n'est pas elle seulement ; mais nous aussi, (les chrétiens) qui avons les prémices de l'Esprit, nous aussi nous soupirons en nous-mêmes, en attendant l'adoption, la rédemption de notre corps. »

Paul veut dire ici que la rédemption s'étendra au domaine de la nature au moment de la résurrection de la chair, de notre corps mortel. Le sang de l'Agneau rachètera l'homme et aussi la nature, de même qu'au temps de la Pâque, en Égypte, le sang enduit sur les linteaux des portes avait sauvé non seulement les fils des Hébreux, mais aussi leur bétail.

Il n'y a pas de place dans la Bible pour les conceptions platoniciennes de la nature, avons-nous dit au chapitre précédent. De même que par sa mort Christ rachète les hommes, leur corps physique y compris, et les délivre des conséquences de la chute, de même par sa mort, il relèvera la nature entière de sa déchéance, au moment de la résurrection des morts.

Au chapitre 6 de la même épître, Paul applique cette réalité future à notre situation présente. C'est le grand principe de notre vie chrétienne. Christ est mort, Il est notre Sauveur, Il va revenir et nous ressusciter des morts. Puisque tout ceci, — la mort de Christ, sa résurrection, et ce qui arrivera lors de son retour, — est vrai, il faut que dès maintenant, par la foi et par la puissance du Saint-Esprit, cette réalité soit sensible dans notre vie.

« Or, si nous sommes morts avec Christ, nous croyons que nous vivrons avec lui… Ainsi vous-mêmes, regardez-vous comme morts au péché et comme vivants pour Dieu en Jésus-Christ. »

Nous vivons par conséquent dans l'attente joyeuse de la perfection. Dès maintenant, cependant, nous devrions en nous fondant sur l'œuvre accomplie par Christ nous efforcer de rechercher un renouveau sensible dans tous les domaines frappés par la Chute.

Du point de vue juridique, notre faute a été entièrement effacée par la justification au moment où nous avons accepté Jésus-Christ comme notre Sauveur, puisque Dieu l'a déclarée complètement oubliée. Précisons toutefois que dans la pratique, entre le jour où nous devenons chrétien et celui du retour de Christ ou de notre mort, notre communion avec Dieu ne connaît pas la perfection.

Il n'y a de véritable spiritualité que si, jour après jour, de façon existentielle, nous regardons au sang de Christ, et si à cause de l'œuvre accomplie par Jésus, nous demandons par la foi, à Dieu, de nous accorder une réalité tangible, dans notre relation avec Lui. Voilà ce que je dois faire, pour que dans la pratique, à ce moment précis, existe entre moi et le Dieu personnel qui est là, une relation réelle.

Ceci est encore vrai dans d'autres domaines, car, ainsi que la théologie de la Réforme l'a toujours souligné, la Chute a entraîné bien d'autres déchirures que la séparation entre Dieu et l'homme.

Il est intéressant de noter que presque toute la « malédiction » contenue dans Genèse 3 s'applique à des manifestations extérieures. C'est la terre qui sera maudite à cause de l'homme. C'est le corps de la femme qui sera touché par les nombreuses conceptions et les douleurs de l'enfantement.

Il y a donc d'autres séparations, en premier lieu l'homme a été séparé de Dieu ; ensuite, depuis la Chute, l'homme est séparé de lui-même : ce sont les divisions psychologiques. Je suis persuadé que nous avons là, la cause fondamentale de toute psychose : l'individu est séparé de lui-même par suite de la Chute.

Nous voyons ensuite que l'homme est séparé des autres ; ce sont les divisions sociologiques. Et puis l'homme est séparé de la nature et la nature est séparée d'elle-même. Toutes ces divisions ne disparaîtront qu'au retour de Christ, quand se réalisera la guérison parfaite grâce au sang de l'Agneau.

Mais les hommes qui croient à la Bible ne sont pas seulement appelés à dire qu'il y aura réparation « un jour », mais aussi à annoncer qu'une réelle et sensible transformation peut avoir lieu ici-bas et maintenant à cause de l'œuvre de Christ et par la grâce de Dieu.

L'attitude des chrétiens évangéliques qui croient à la Bible a malheureusement été très insuffisante sur ce point. Qu'avons-nous fait pour réparer les divisions sociologiques ? Nos églises sont souvent un scandale. Elles se montrent cruelles, non seulement, à l'égard de l'homme « du-dehors », mais aussi pour celui qui fait partie de l'église.

Il en est de même sur le plan psychologique. Il est des gens que nous accablons de problèmes psychologiques en prétendant que « les chrétiens n'ont jamais de dépressions ». Un tel comportement est criminel.

D'autre part, le christianisme ne devrait pas faire figure simplement d'une utopie, mais au contraire, en vertu de l'œuvre de Christ, il devrait être capable d'apporter un renouveau sensible dès à présent, sur le plan individuel, aussi bien que sur le plan social, dans chaque domaine touché par la Chute. Notre séparation d'avec Dieu est supprimée par la justification, mais il faut que par la suite nous en fassions l'expérience à chaque instant de notre vie ; ensuite nous devrions nous attendre à voir des transformations sensibles dans tous les domaines, qu'il s'agisse des divisions psychologiques, des divisions sociologiques ou des divisions entre l'homme et la nature et des divisions à l'intérieur-même de la nature.

J'ai mis longtemps à me décider pour le mot « sensible » mais je pense que c'est le mot juste. Il évoque une guérison, non pas parfaite mais cependant réelle et visible. C'est à cause de l'histoire passée et à venir que, par la foi, nous devons vivre maintenant de cette manière sensible.

Cette notion est applicable à notre relation avec la nature. Ainsi, en se fondant sur le fait qu'il y aura, dans le futur, rédemption totale non seulement de l'homme mais encore de toute la création, le chrétien évangélique devrait avec l'aide de Dieu et par la puissance du Saint-Esprit, agir envers la nature comme si elle présentait déjà l'aspect qu'elle aura après le retour de Christ. Certes cela ne sera pas parfait mais si le résultat n'est pas sensible, il aura failli à sa vocation. De même qu'Il nous exhorte dans le domaine spirituel et personnel, Dieu appelle aujourd'hui le chrétien et la communauté chrétienne à tendre, autant que possible, à ce renouveau sensible, entre l'homme et la nature d'une part, et dans les rapports de la nature avec elle-même.

Francis Bacon écrivit dans sa « Méthode pour l'interprétation de la Nature » : « A la chute l'homme perdit son état d'innocence et sa domination sur la nature. Toutefois, ces deux pertes peuvent être partiellement réparées, même dans cette vie-ci ; la première par la religion et la foi, et la seconde par les arts et les sciences ». Il est tragique de voir que l'Église, y compris l'Église évangélique, ait si souvent oublié cela. Ici-bas, dans cette vie terrestre, il est possible pour le chrétien par l'intermédiaire des arts et des sciences, de rendre en partie à la nature la place qui lui revient.

Mais comment y arriver dans la pratique ? Tout d'abord, ainsi que nous l'avons déjà dit, en insistant sur la notion de Création ; ensuite par une interprétation renouvelée de la « domination » de l'homme sur la nature (Genèse 1 : 28). L'homme domine, certes, sur les catégories inférieures de la Création, mais il n'en est pas le souverain. Dieu seul règne en Maître souverain et l'homme ferait bien de garder cette vérité à l'esprit, quand il «utilise» la création, et de se rappeler que ce ne sont pas là ses possessions.

Voici un exemple que l'on peut mettre en parallèle : nous devons utiliser, comme Il l'entend, les dons que Dieu nous donne. Dans la parabole des talents (Matthieu 25 : 14 à 30) que Jésus raconta, les talents, ou l'argent, n'appartenaient pas à l'homme à qui ils furent confiés. C'était à la fois un serviteur et un intendant et pour le véritable propriétaire, il n'était que le gérant de ces biens.

Ainsi nous dominons sur la nature, mais elle n'est pas notre propriété. Elle appartient à Dieu, et nous devons exercer notre domination non pas en considérant que nous avons le droit d'exploiter toutes choses, mais plutôt que nous les avons empruntées ou qu'elles nous ont été confiées ; je dois bien me rendre compte qu'elles ne m'appartiennent pas intrinsèquement. La domination que l'homme exerce est elle-même soumise à Dieu et fait partie de son domaine.

J'avais souligné dans Démission de la raison que si l'on rend quoi que ce soit autonome, la nature absorbe la grâce et bientôt plus rien n'a de sens. C'est également vrai ici : dès que la nature est rendue autonome, que ce soit par le matérialiste ou par le chrétien qui adopte une fausse perspective, la nature est dévorée par l'homme. C'est ce qui se passe de nos jours ; et l'homme se met à crier d'effroi, mais je suis persuadé que Dieu permet que ces choses arrivent. Le problème ne réside pas uniquement dans l'explosion de la population — qui n'est pas une difficulté insurmontable d'ailleurs — mais plutôt, comme Lynn White le souligne, dans la façon dont l'homme a jusqu'ici considéré la nature.

Il est essentiel pour une véritable philosophie de bien comprendre le plan de la création conformément à la révélation du Dieu qui l'a créée : la machine, la plante, l'animal et l'homme dominent sur ce qui leur est inférieur. L'homme utilise l'animal, la plante et la machine, l'animal mange la plante, la plante utilise la portion mécanique de la création. Toute créature, dans la création de Dieu, utilise la chose que Dieu a créée à l'échelon inférieur.

Nous devons aussi nous rendre compte que chaque créature est limitée par ce qu'elle est, de par sa nature même : une plante est limitée à son état de plante, mais les propriétés des choses inférieures qu'elle domine la limitent aussi. Les plantes utilisent donc les substances chimiques, mais seulement dans les limites de leurs propriétés. Il n'y a rien d'autre qu'elles puissent faire.

Il en va de même pour l'homme : nous ne pouvons fabriquer notre propre univers ; mais nous pouvons faire usage de ce qui a été placé au-dessous de notre échelon dans l'ordre de la création. Notons aussi que l'animal, par exemple, est obligé d'utiliser ce qui est en-dessous de lui tel quel ; l'homme au contraire, malgré une certaine limitation, a la possibilité d'agir volontairement et consciemment sur ce qui existe. N'y a-t-il pas là une réelle différence ? L'animal ne fait que manger la plante, il ne peut en changer la situation ou les propriétés. Bien que le pouvoir de l'homme aussi soit limité, il est appelé à faire usage de sa volonté consciente dans ses rapports avec la nature pour traiter les choses qui lui sont soumises en conformité avec le caractère que Dieu leur a donné. La plante et l'animal sont liés par une obligation absolue, l'homme a un choix à faire. Nous pouvons effectivement utiliser les créatures, mais nous ne devrions pas les traiter comme si elles n'étaient rien en elles-mêmes.

Étudions maintenant un autre aspect de la question : il est vrai que l'homme a reçu le pouvoir de dominer sur la création. Mais depuis la chute il fait un mauvais usage de ce pouvoir ; il est en état de révolte et il s'est placé lui-même au centre de l'univers. Il se considère comme un être autonome, et croit qu'il a le droit d'exploiter les créatures comme si elles n'étaient rien en elles-mêmes.

Mais les chrétiens, eux, ont retrouvé la communion avec Dieu grâce à l'œuvre du Seigneur Jésus-Christ et ont découvert dans le Dieu présent leur véritable point de repère ; ne devraient-ils pas en conséquence se servir de la nature d'une façon convenable ? Nous dominons effectivement sur la nature, mais nous n'allons plus nous en servir comme le fait l'homme déchu. Nous n'allons plus agir comme si elle n'était rien en elle-même et lui infliger n'importe quel traitement.

La domination de l'homme sur la femme est un exemple parallèle. Je pense que c'est au moment de la Chute, et pas avant, que fut instituée la domination de l'homme au sein du couple. Mais l'homme déchu l'a transformée en tyrannie et a réduit sa femme à l'esclavage. Voilà pourquoi l'enseignement judaïque exhorte l'homme à exercer sa domination sans tomber dans la tyrannie, ainsi qu'on peut le lire dans l'Ancien Testament et plus spécifiquement dans le Nouveau Testament. L'homme doit être la tête du foyer mais il doit aussi aimer sa femme comme Christ aime l'Église. De cette façon tout rentre dans l'ordre. L'ordre est nécessaire dans ce monde déchu, il faut y veiller, mais tout doit se faire dans l'amour.

L'homme fait un mauvais usage de la domination qu'il possède sur la nature. La vocation du chrétien consiste ici à manifester cette même domination, mais d'une manière convenable : il doit traiter toutes les créatures comme ayant une valeur intrinsèque et son action ne doit pas être destructive. C'est ce que l'Église aurait toujours dû faire et enseigner, mais dans l'ensemble elle ne l'a pas fait ; il nous faut confesser notre échec. Ainsi que d'autres chrétiens au cours de l'histoire, Francis Bacon avait bien saisi ce principe ; malheureusement les enseignants chrétiens, y compris les meilleurs théologiens évangéliques, se sont en général longtemps révélés très incompétents en la matière.

Prenons encore un exemple : que serait-il advenu si à l'époque de la Révolution Industrielle l'Église s'était élevée contre les abus économiques qui devaient fatalement en résulter ? Je ne prétends pas que le capitalisme ou la Révolution Industrielle soient forcément de mauvaises choses, mais je veux dire que l'Église a, — à quelques célèbres exceptions près —, manqué à son devoir en ne s'élevant pas contre les abus de la domination économique, et ce, à un moment de l'histoire où le consensus était en sa faveur, ce qui n'est plus le cas aujourd'hui. Pourtant quand l'Église met la foi en pratique dans le domaine de la nature comme dans celui de l'homme, on constate un renouveau sensible. Une perception vraiment renouvelée de la beauté est un des premiers fruits de ce changement. Les valeurs esthétiques sont loin d'être négligeables ; Dieu a donné à l'homme un sens de la beauté tout à fait unique ; l'animal ne produit pas d'œuvres d'art. Fait à l'image de Dieu, l'homme possède un sens esthétique. Aussi, s'il se met à traiter la nature comme il le devrait, (la dominant sans pour autant l'exploiter comme si elle n'avait aucune valeur en elle-même), et s'il se rend compte qu'elle est également une créature de Dieu, sa beauté sera préservée. Parallèlement, les valeurs économiques et humaines augmenteront car les problèmes écologiques qui se posent actuellement diminueront.

Si les chrétiens traitent la création en accord avec la vision du monde et la philosophie contenue dans la Bible, ils seront capables de manifester, individuellement et collectivement, que grâce à l'œuvre de Jésus-Christ ils peuvent arriver à un résultat que le monde s'est vainement efforcé d'obtenir. Il est possible d'obtenir un renouveau sensible dans le domaine sociologique ; la communauté chrétienne devrait en être la démonstration vivante. L'humanisme a raison de réclamer un renouveau de la société, mais il n'a pas su l'atteindre, pas plus qu'il n'arrive à renouveler de façon sensible l'état de la nature.

La situation évolue dès qu'on envisage les choses d'un point de vue chrétien, et le changement n'est pas seulement théorique, — ce qui n'est déjà pas négligeable —, mais il est aussi d'ordre pratique. En d'autres termes nous aboutissons à un équilibre, car il n'est pas non plus nécessaire de sacrifier l'homme ainsi que le panthéisme l'exigerait ; après tout il a été créé à l'image de Dieu et s'est vu conférer la domination sur la nature. L'homme possède la domination ; c'est par un choix qu'il a le droit de dominer, parce qu'il est une créature morale. Mais il doit s'attacher à faire un bon usage de ce droit. Il doit, sans sacrifier l'homme pour autant, honorer au plus haut point ce que Dieu a fait.

Plus que quiconque, le chrétien doit éviter de fréquenter des déprédateurs. C'est avec le plus grand respect que nous devrions traiter la nature. Nous pouvons abattre un arbre pour construire une maison ou pour en faire du bois de chauffage pour notre famille, mais nous ne devrions jamais le faire simplement parce qu'il nous prend envie de couper un arbre. Si c'est nécessaire, nous pourrons prendre l'écorce d'un chêne-liège pour utiliser le liège. Mais ce que nous n'aurons certainement pas le droit de faire, c'est d'ôter l'écorce pour le plaisir de le faire, et laisser l'arbre se dessécher sur place et n'être plus qu'un squelette secoué par le vent. Ce serait manquer d'intégrité envers l'arbre. Nous avons le droit de débarrasser notre maison des fourmis qui peuvent s'y trouver. Mais nous n'avons pas le droit de manquer au respect dû à la fourmi en tant que créature de Dieu, dans la nature, là où Dieu l'a placée. Si nous voyons une fourmi sur notre chemin, évitons de l'écraser, c'est aussi une créature. Elle n'est pas faite à l'image de Dieu, c'est vrai, mais elle est l'égale de l'homme en ce qui concerne la création, l'homme et la fourmi sont deux créatures.

Dans ce sens l'utilisation par Saint François du terme de «frères» lorsqu'il parle des oiseaux est non seulement théologiquement correcte, mais doit encore devenir pour nous une réalité intellectuelle et pratique. Plus encore : devant un arbre, un oiseau, une fourmi, je devrais ressentir psychologiquement que ce sont mes «frères». Ce serait merveilleux si c'était effectivement ce que le groupe «Pop» «The Doors» voulait dire dans sa chanson sur «notre sœur, si pure et si belle». Pourquoi les évangéliques n'ont-ils pas composé de cantiques et adapté et utilisé ce concept à la gloire de Dieu ?

On n'abîme pas les choses simplement pour les abîmer. On ne devrait pas abîmer volontairement un rocher. Dieu lui a donné le droit d'être un rocher, après tout. S'il vous faut déplacer le rocher pour creuser les fondations d'une maison, — allez-y, déplacez-le, mais n'en arrachez pas la mousse pour la laisser se dessécher et mourir. Même la mousse a le droit de vivre. Elle est l'égale de l'homme en ce qu'elle est aussi une créature de Dieu.

Prenons encore l'exemple de la chasse. On peut légitimement tuer des animaux pour se nourrir, mais il serait faux de ne voir en eux que des cibles prêtes à être abattues. Il en est de même pour la pêche : beaucoup vont à la pêche, et laissent ensuite leurs victimes sur place, les abandonnant à la pourriture et aux mauvaises odeurs. Le poisson n'a-t-il donc aucun droit ? Sans idéaliser le poisson au point de le considérer comme un homme, nous affirmons qu'il possède quand même certains droits, des droits bien réels. Il est faux de traiter le poisson comme un petit enfant, mais il n'est pas non plus un simple morceau de bois.

Nous avons le droit d'abattre un arbre, — qui est inférieur au poisson dans l'ordre de la création, mais nous ne devons jamais oublier qu'il s'agit d'un arbre, ayant une valeur en tant qu' «arbre», et qu'il ne s'agit pas d'un simple zéro.

Nos méthodes de construction sont quelquefois une illustration pratique de ce qui se passe aujourd'hui : les bulldozers nivellent le terrain et le débarrassent de ses arbres avant le début des travaux.

Le résultat c'est une grande laideur. Avec quelques milliers de francs supplémentaires on aurait pu contourner les arbres mais on a préféré les arracher. On se demande ensuite, quand tout est terminé, comment les gens peuvent vivre là. Le site dénudé est « déshumanisé » et même sur le plan purement économique le terrain perd de sa valeur car le sol est drainé par les pluies. Lorsque l'homme viole la vérité de Dieu il entraîne toujours la souffrance.

Les hippies ont raison de vouloir se rapprocher de la nature, et même de marcher nu-pieds pour mieux la sentir. Mais comme ils n'ont pas une philosophie suffisamment solide ils glissent très vite vers le panthéisme où leurs aspirations sont défigurées. Mais les chrétiens, de leur côté, devraient comprendre le principe de la création, eux qui connaissent les vraies raisons de respecter la nature. S'ils le font, le résultat est toujours positif. Cette attitude est solidement fondée et nous insistons sur le fait qu'elle est beaucoup plus qu'un simple pragmatisme. Nous traitons la nature avec respect parce que Dieu l'a créée.

Quand un chrétien évangélique est insensible à la nature ou la maltraite, alors, sur ce point précis, il est davantage dans son tort que le hippie qui ne possède pas de base réelle pour étayer son sentiment de la nature mais qui ressent pourtant qu'entre l'homme et la nature devrait exister une relation dépassant le rapport d'exploiteur à exploité. Que vous éprouviez ou non le besoin de marcher nu-pieds pour vous sentir plus proche de la nature, vous êtes-vous déjà demandé, en tant que chrétien, quelle a été au cours de ces dix dernières années la relation que vous avez conçue et entretenue avec la nature, votre camarade au sein de la création ?

Pourquoi éprouver une réaction émotionnelle devant un arbre ? Pour une raison pragmatique et abstraite ? Pas du tout. L'homme de ce siècle dira qu'il se sent concerné par l'arbre parce que ses cités ne pourront plus respirer si l'arbre est coupé. Mais c'est de l'égoïsme, et l'égoïsme produira toujours la laideur, à brève ou à longue échéance. Avec de tels fondements la technologie pourra encore resserrer son étau sur la nature et sur l'homme. La tyrannie de la technologie ira croissant pour devenir à peu près totale. Si le chrétien, par contre, éprouve une réaction émotionnelle devant l'arbre, c'est que celui-ci n'est pas rien en lui-même, et sa valeur, — tout comme la sienne, —

vient du fait qu'il a été créé par Dieu et qu'il n'est pas simplement un produit du hasard.

C'est alors que nous découvrons la vraie beauté. Voilà que tout s'anime et que tout respire. Un souffle de vie parcourt le monde comme jamais auparavant. Nous pouvons aimer un homme pour lui-même car nous savons qui il est, — fait à l'image de Dieu. Et nous nous intéresserons à l'animal, à l'arbre et même à la partie mécanique de l'univers, chaque chose selon sa catégorie, car nous savons que tous sont nos frères, et que nous avons tous été créés par le même Dieu.

6

LE POINT DE VUE CHRÉTIEN : « L'USINE-MODÈLE »

Nous venons de voir que le christianisme authentique fondé sur la Bible apporte une véritable solution à la crise écologique. Le comportement qu'il nous propose d'adopter envers la nature est sain et équilibré car il repose sur cette vérité : la nature est une création de Dieu. Il reconnaît que la réalité de la rédemption en Christ justifie l'espoir d'une restauration sensible et immédiate des nombreuses conséquences de la Chute. Individuellement et collectivement les chrétiens devraient consciemment s'appliquer dans leur vie pratique à être un facteur de rédemption de toutes les aliénations provoquées par la Chute. Ils devraient s'efforcer d'être en ce monde, par la grâce de Dieu, un facteur de guérison et de rachat de la séparation entre Dieu et l'homme, entre l'homme et lui-même, entre l'homme et son prochain, entre l'homme et la nature et au sein de la nature elle-même. Ce principe est assurément applicable à la nature : le but consciemment recherché par une science et une technologie qui reposent sur un fondement chrétien devrait être de contribuer à la restauration sensible de la nature tout en attendant la guérison complète promise pour le retour de Jésus-Christ.

La POLLUTION et la MORT de L'HOMME

Examinons, dans ce dernier chapitre, comment l'Église chrétienne peut appliquer ces vérités, auxquelles elle croit, à l'ensemble de la question écologique.[9] Car là se trouve notre vocation : nous devons prouver que, grâce à l'œuvre de Christ, l'Église est en mesure de réaliser, partiellement bien sûr, mais sensiblement, cependant, ce que le monde voudrait mais ne peut obtenir. L'Église devrait être l'usine modèle, qui offrirait aux hommes le spectacle d'assemblées unies et guéries de toutes les divisions et les aliénations que la révolte de l'homme a entraînées.

Quelle serait la définition d'Usine-modèle : Quand une entreprise veut construire une grosse usine, on fabrique tout d'abord une « usine-modèle », ceci pour démontrer que l'usine grandeur nature peut fonctionner. Donc, je crois que l'Église devrait être l'usine modèle de la réconciliation de l'homme avec lui-même, de l'homme avec la nature. Je crois que si nous ne produisons pas quelque chose de ce genre, le monde n'écoutera pas ce que nous avons à lui dire. Pour prendre un exemple, disons que la situation devrait être tout le contraire de celle que nous avons décrite au chapitre 3, où les fêtes des vendanges païennes offraient aux chrétiens de magnifiques spectacles, alors que ceux-ci n'avaient que de la laideur à offrir en retour. Si ce type de situation n'est pas renversée, il ne faudra pas s'étonner que nos paroles et notre philosophie soient rejetées.

En tant qu'usine-modèle, l'Église devrait donc manifester, par l'attitude des individus et celle de la communauté, qu'il est possible ici-bas aux hommes d'user de leur domination sur la nature, sans pour autant la détruire. Prenons deux exemples pour montrer tout ce que cela comprend : voyons le cas des mines à ciel ouvert pour commencer. Pourquoi cette méthode d'exploitation transforme-t-elle le pays en un désert ? Pourquoi les régions de mines sont-elles devenues les pays « Noir » ? Quelle est la cause de cet enlaidissement et de cette destruction de l'environnement ? Une seule réponse à cela : la cupidité de l'homme.

Si les exploitants de mines commençaient par repousser le sol avec des bulldozers avant d'extraire le charbon, et si, l'extraction

---

[9] Voir le livre de Edith Schaeffer, « The Hidden Art of Homemaking » (The Norfolk Press, 1970) qui comprend de nombreux exemples pratiques pour une relation correcte avec la nature.

Le point de vue chrétien : « l'usine-modèle »

terminée, ils remettaient en place le sol, dix ans plus tard on trouverait au même endroit, un champ magnifique et cinquante ans plus tard une forêt.

Aujourd'hui cependant, avide d'en retirer un bénéfice supplémentaire (déraisonnable en ce qui concerne la nature), l'homme transforme ces régions en déserts et se plaint bientôt que l'humus a disparu, que l'herbe ne peut plus pousser, que l'espoir d'y voir grandir un arbre avant des dizaines d'années lui semble vain !

Un double choix est indispensable si l'on désire bien traiter la terre. Le premier est directement lié à la question d'argent : traiter la terre convenablement revient toujours plus cher, du moins au début. Dans le cas de l'école citée, il suffisait, pour améliorer la situation, de planter un écran d'arbres devant le bâtiment. Mais planter des arbres coûte cher, et l'on décida qu'il valait mieux employer l'argent autrement. L'école a certainement besoin de fonds pour une œuvre qui a effectivement toute son importance, mais il vient un moment où il est important aussi de planter des arbres.

Le deuxième choix se rapporte aux problèmes de temps : bien traiter la terre exige en général plus de temps. Voilà donc les deux facteurs qui amènent la destruction de notre environnement : le temps et l'argent, ou plutôt la hâte et la cupidité. Et voilà la question que l'on peut se poser : « Préférons-nous gagner du temps et de l'argent dans l'immédiat ou adopter l'attitude que devraient avoir les enfants de Dieu ? »

Appliquez cela aux exploitations minières à ciel ouvert : aucune raison valable ne poussait leurs exploitants à mettre la Pennsylvanie occidentale et le Kentucky oriental dans ce triste état. Nous venons de voir qu'il n'est nullement indispensable d'abandonner les mines telles quelles une fois l'exploitation terminée. Un bulldozer peut très bien remettre le sol en place. La communauté chrétienne a le devoir de refuser aux hommes le droit de violer notre terre comme on leur refuse le droit de violer notre femme, et d'exiger d'eux qu'ils renoncent à exploiter la nature, acceptant ainsi de réduire un peu leurs bénéfices. Le premier pas, pour les chrétiens, consiste à montrer que pour leur part ils se refusent à abuser de « leur sœur, si pure et si belle, » et qu'ils renoncent individuellement et collectivement à l'exploiter par cupidité ou pour tout autre motif.

La POLLUTION et la MORT de L'HOMME

Prenons encore le cas d'un village de montagne en Suisse. L'électricité n'y a jamais été installée, cela va faire près de mille ans que ses habitants s'en passent. Voilà que tout d'un coup la civilisation arrive, et que l'on décide de faire poser l'électricité. (Chacun sait en effet qu'il n'y a pas de civilisation sans électricité!) Deux méthodes sont alors possibles : premièrement, faire en sorte qu'on aie le courant au village en moins de trois mois. Il suffit alors de balayer tous les obstacles, d'arracher des lambeaux de forêt et de faire passer de gros câbles sur le tout : on remplace ainsi la beauté par la laideur. La seconde méthode demanderait aux villageois de patienter encore deux ans : on aurait alors le temps de prendre plus de précautions avec les forêts et les câbles, de cacher ce qui doit être caché, et de respecter l'intégrité de l'environnement. Le résultat serait infiniment préférable : les habitants auraient l'électricité et la beauté de leur village serait préservée... et cela n'aurait coûté que deux ans de plus... sur mille ! Quelques autres facteurs économiques entrent bien en ligne de compte ici, mais le plus important est, sans aucun doute, la précipitation.

Voyez la jungle asphaltée de nos autoroutes ; voyez la manière dont on utilise les bulldozers dans les montagnes suisses : la précipitation laisse presque toujours de vilaines cicatrices sur le terrain. C'est ainsi que la cupidité ou la précipitation s'attaquent à l'intégrité de la nature.

Comme la cupidité finit par détruire la nature, les Chrétiens apprendre à dire : « Arrêtez ! Il et maintenant temps de prendre son temps ! »

Cela ne se fera bien sûr pas automatiquement ; la science d'aujourd'hui ignore la valeur de l'homme et de la nature. La raison en est sa fausse conception de l'Origine, et à cause de cette erreur elle ne possède aucune catégorie lui permettant de traiter l'homme en homme et la nature comme telle.

Cela ne se fera bien sûr pas automatiquement ; la science d'aujourd'hui ignore la valeur de l'homme et de la nature. La raison en est sa fausse conception de l'Origine, et à cause de cette erreur elle ne possède aucune catégorie lui permettant de traiter l'homme en homme et la nature comme telle. Nous les chrétiens devons toutefois nous montrer très prudents. Il nous faut confesser que nous avons déjà laissé passer des occasions d'intervenir : nous nous sommes bruyamment élevés contre la science matérialiste, mais nous avons peu fait pour montrer qu'en pratique, en tant que chrétiens, nous ne laissons pas la technologie nous dicter notre attitude envers l'homme ou la nature. Il existe une raison fondamentale de nous abstenir de faire tout ce que notre technologie nous permet, et il y a longtemps que nous aurions dû insister là-dessus en actes aussi bien qu'en paroles. Mais nous avons manqué l'occasion d'aider l'homme à sauver sa terre, et aujourd'hui encore nous laissons passer une occasion d'évangéliser : parce qu'ils ont vu que la plupart des chrétiens se moquent de la beauté de la nature et même de la nature tout court, les nombreux jeunes d'aujourd'hui qui possèdent une réelle sensibilité de la nature se tournent vers les communautés hippies qui cultivent un sentiment de la nature très réel, bien qu'il soit erroné.

Non seulement n'avons-nous pas su profiter de cette occasion de sauver la terre de l'homme, mais cette faillite explique encore en partie pour quoi nous n'avons pas su toucher la majorité des hommes du XX° siècle. Voilà pour quoi l'Église paraît faible et sans ressource et semble n'avoir aucun rapport avec son époque. Nous vivons et pratiquons un christianisme inférieur.

Dans deux différents domaines on peut mettre en parallèle l'exploitation de l'homme par l'homme et l'exploitation de la nature par l'homme ; et ce, tout d'abord, en ce qui concerne les rapports entre les sexes.

Quelle attitude l'homme adopte-t-il envers la femme ? Le comportement du « play-boy » est très répandu dans le contexte moderne, et réduit en fait la partenaire à un jouet, et la femme n'est rien de plus qu'un objet.

Quel est le point de vue chrétien ? On affirme quelquefois qu' « il ne faut pas rechercher son propre plaisir, mai seul ment celui de son partenaire ». Cette notion plutôt romantique ne se trouve pas dans la Bible. Nous devons aimer notre prochain comme nous-même. Nous avons aussi droit au plaisir. Pourtant nous ne devons jamais oublier que la femme est une personne et pas un animal, une plante ou une machine. Le plaisir nous est permis dans la relation sexuelle mais en aucun cas nous n'avons le droit d'exploiter le partenaire comme un objet.

Notre plaisir devrait être consciemment limité. Nous devrions nous imposer nous-mêmes des limites à notre recherche du plaisir afin de traiter la femme en être humain. Ainsi, bien qu'il pourrait désirer davantage, l'homme se modère pour traiter sa partenaire comme une personne et pas seulement comme une chose sans valeur. Mais il y perdra s'il la traite comme moins qu'un être humain, car l'amour et tout élément humain disparaîtra de leur relation ; il ne subsistera plus qu'une sexualité mécanique. Finalement l'humanité de l'homme en souffre autant que celle de la femme. Par contre, s'il fait moins que ce qu'il pourrait faire, il finit par obtenir davantage : l'amour, une véritable relation humaine et pas simplement un acte mécanique. C'est le principe du boomerang qui décrit une trajectoire fermée et détruit le destructeur. C'est exactement la même chose pour la nature : si nous ne lui reconnaissons pas une valeur intrinsèque, notre propre valeur en est diminuée.

Une comparaison semblable peut être faite dans le domaine des affaires. Il y a aujourd'hui toutes sortes d'idéalistes qui crient : « À bas le profit ! Mort au profit ! » Mais l'homme n'est pas ainsi fait. Même le communisme doit apprendre aujourd'hui à tenir compte de la notion de profit. Et la Bible ne condamne certainement pas une telle notion en elle-même.

Malgré tout, en affaires comme dans les autres domaines, je dois traiter mon prochain comme moi-même et « l'aimer » comme moi-même. Il ne m'est pas du tout interdit de faire un certain bénéfice, mais je ne dois pas l'obtenir en traitant un être humain en objet de consommation, c'est à dire en l'exploitant. Le cas échéant je finirai non seulement par le détruire, lui, mais je me détruirai moi-même car j'aurai porté atteinte à ma propre valeur.

De même qu'il faut traiter une femme en personne et non en objet, de même, si je suis un homme d'affaires chrétien, je dois me rendre compte que j'ai en face de moi un autre homme fait à l'image de Dieu et que j'ai le devoir de m'imposer certaines limites. L'homme d'affaires chrétien réalisera effectivement un bénéfice, mais il renoncera à tirer le maximum de son client.

Le point de vue chrétien : « l'usine-modèle »

L'Ancien Testament est très clair sur cette question ; « Si tu prends en gage le vêtement de ton prochain, tu le lui rendras avant le coucher du soleil ; car c'est sa seule couverture, c'est le vêtement dont il s'enveloppe le corps : dans quoi coucherait-il ? » (Exode 22 : 26 et 27) Il est aussi écrit : « On ne prendra point pour gage les deux meules, ni la meule de dessus ; car ce serait prendre pour gage la vie-même » (Deutéronome 24 : 6). Voilà qui révèle une mentalité toute différente de celle qui caractérise souvent les hommes d'affaires chrétiens. Ce que la Bible décrit ici c'est effectivement du capitalisme, mais celui-ci est tout différent de ce celui qu'on rencontre généralement. On y a compris, que si dans le commerce et l'industrie on traite les autres comme des machines, on fait de soi-même une machine car on ne vaut pas plus qu'eux. Par ailleurs, si dans les relations commerciales nous traitons les autres et nous-mêmes en machine, ce processus s'étendra progressivement à tous les domaines de notre vie, jusqu'à faire disparaître le côté merveilleux de tout ce qui est humain.

Donc, dans ce domaine, le chrétien ne fait pas non plus tout ce qu'il peut. Il possède un principe qui le limite ; sa qualité d'être humain est en jeu et il sait que s'il fait moins, en fin de compte il obtient davantage. Une jeune fille ne devrait pas être traitée comme un objet qui n'est là que pour le plaisir qu'elle procure. Un homme ne devrait pas être traité comme un objet de consommation destiné à rapporter le plus de bénéfices possibles. Dans le domaine sexuel comme dans le domaine économique, traiter les gens comme il convient, ce n'est pas seulement agir en accord avec l'ordre « créationnel », mais encore ce comportement entraîne des résultats positifs ; car c'est à partir de ce moment-là que l'être humain peut s'épanouir.

Il en va exactement de même dans le domaine de la nature. Si, pour nous, la nature est « décréée, » pour employer l'expression imagée de Simone Weil, si elle n'est qu'un élément dépourvu de signification dans un monde décréé et dépourvu de l'Universel qui lui donnerait une signification, alors il n'y a plus rien de merveilleux en elle. L'univers n'a aucune signification s'il n'existe pas d'universel au-dessus du particulier.

C'est ce que dit Jean-Paul Sartre : Tout point fini est absurde s'il n'a pas sa référence dans l'infini. Sartre a raison et se trouve malheureusement lui-même dans cette situation : il n'est qu'un élément absurde au milieu d'autres éléments' tout aussi absurdes.

Si la nature et les choses qui la composent ne forment par conséquent qu'une suite d'éléments dépourvus de signification dans un univers dé-créé, sans universel pour leur donner une signification, alors la nature est absurde, on n'y trouve plus rien de merveilleux… Tout sujet d'émerveillement disparaît aussi de ma personne parce que je suis également un être fini.

Mais les chrétiens affirment qu'il y a un universel : Dieu est là ! Le Dieu personnel — infini est l'universel auquel se réfèrent tous les éléments parce qu'Il les a tous créés et parce que dans cette communication verbale sous forme de propositions Il nous a donné des catégories selon lesquelles nous devions traiter tous les éléments de Sa création. Il a fixé les rapports d'homme à homme, d'homme à nature et tous les autres.

Avec de tels fondements le chrétien possède un universel qui lui permet de trouver un sens à la nature et un sens à l'homme. Il connaît un universel absolument merveilleux : un Dieu personnel, pourvu d'attributs et créateur du monde ; ce Dieu s'est véritablement révélé à l'homme par une communication verbale et propositionnelle. Les choses qu'Il a créées et moi-même (qui fais également partie de la création) sommes des merveilles qui méritent le respect et possèdent une réelle valeur.

Mais n'oublions pas que la valeur que nous attribuons consciemment à un objet — tout en respectant son rang au sein de la création — définira en fin de compte notre propre valeur, car nous sommes également des êtres finis. Si nous ne savons pas reconnaître le merveilleux dans la nature, il disparaîtra également du genre humain et de nos propres personnes. C'est à ce stade que se trouve le monde aujourd'hui : Il n'y a plus rien de merveilleux. L'homme est installé dans un monde autonome et « dé-créé » d'où l'universel et le merveilleux sont exclus. Avec son arrogance et son égoïsme, il a même réduit la nature à une « chose » qu'il peut utiliser ou exploiter. Et si l'homme parle aujourd'hui de protéger l'équilibre écologique de la nature, c'est uniquement au niveau pragmatique. Il lui manque en effet la base qui donnerait, à ses yeux, à la nature une valeur en

Le point de vue chrétien : « l'usine-modèle »

elle-même. De ce fait la valeur de l'homme est réduite d'un nouveau degré et la technologie inhumaine resserre encore son étreinte.

Dans l'optique chrétienne par contre, le merveilleux réapparaît soudain car la nature retrouve sa juste place. Cependant il ne suffit pas de croire en théorie à la véritable signification de la nature ; cette vérité doit être consciemment pratiquée et nous devons nous mettre à traiter la nature comme il convient de la traiter.

Nous venons de voir que l'homme doit imposer lui-même une limite à ses activités tant dans le domaine sexuel que dans celui du commerce et de l'industrie. La cupidité ou la précipitation pourraient le pousser à franchir cette limite. Mais nous ne devons pas permettre aux individus que nous sommes de faire tout ce dont nous sommes capables, ni à notre technologie de faire tout ce qu'elle peut faire.

Il est clair que l'application pratique d'une véritable compréhension de la nature exige une limitation venant de nous-mêmes. L'animal ne peut se limiter consciemment : la vache mange l'herbe, elle n'a pas de décision à prendre, elle ne peut faire autrement. La seule limitation qu'elle connaisse lui est imposée par sa nature de vache. Mais moi, qui suis fait à l'image de Dieu, j'ai la possibilité de choisir, et même de traiter la nature comme je ne devrais pas. La laideur et l'horreur que nous voyons dans la technologie de l'homme moderne et dans sa vie personnelle proviennent du fait qu'il fait tout ce qu'il lui est possible de faire, sans jamais se limiter. Tout ce qu'il peut faire, il le fait. Il tue le monde, il tue l'humanité et il se tue lui-même.

Comme je suis un être fait à l'image de Dieu, la limitation que je dois m'imposer dépend de ma nature rationnelle et morale et il n'est pas forcément bon que je fasse tout ce que je peux faire. En fait c'est là que réside tout le problème depuis le jardin d'Éden : la structure de son corps permettait à Ève (et à Adam) de manger le fruit. Mais à cause du caractère de Dieu et en vertu de la seconde limitation (le commandement moral de Dieu), ils faisaient le mal en mangeant le fruit. Ève aurait dû s'imposer une limite et se retenir de faire quelque chose qu'elle pouvait faire.

Sur le plan technologique, l'homme moderne fait tout ce qu'il peut : il vit selon un seul principe : aller jusqu'à la limite de ses capacités. L'homme moderne, autonome, ne connaissant pas le Dieu personnel et infini qui a parlé, n'a pas d'universel capable de lui fournir une seconde limitation convenable. Comme l'homme déchu n'est pas seulement fini mais aussi pécheur, toutes les décisions pragmatiques qu'il prend n'ont d'autre motivation que l'égoïsme. C'est la loi du plus fort ou du plus malin, l'homme dévore l'homme et l'homme dévore la nature. Il ne voit aucune raison de réfréner sa cupidité, de s'abstenir de violer la nature et de la traiter comme un « bien de consommation ». La nature en elle-même n'a aucune valeur et aucun droit.

Répétons pour conclure que si les êtres et les objets sont uniquement considérés comme des machines autonomes dans un monde décréé, ils finissent par perdre toute signification. L'homme que je suis devient alors inévitablement tout aussi autonome et tout aussi dépourvu de signification. Mais quel changement, si en tant qu'individu comme au sein de la communauté chrétienne je me mets à traiter avec intégrité les choses que Dieu a faites, et si mon action est inspirée par l'amour pour Celui à qui tout appartient ! Si j'aime le Dieu d'amour, j'aimerai aussi ce qu'il a fait. Peut-être est-ce là une raison pour laquelle beaucoup de gens ressentent une certaine irréalité dans leur vie chrétienne : puis-je en effet prétendre aimer le Dieu d'Amour si je n'éprouve pas une véritable attirance pour ses œuvres, justement parce que ce sont ses œuvres, qu'il s'agisse de l'homme ou de la nature ?

Une profession de foi est relativement vite faite, mais sa valeur est parfois mise en question parce qu'elle ne correspond à rien de réel et est devenue un simple acquiescement mental ; elle n'a plus aucune signification ou alors trop peu et dans un domaine trop limité.

Mais il me faut bien savoir que ce ne sont pas des raisons pragmatiques qui me poussent à aimer l'arbre ; mon action aura évidemment des résultats pragmatiques, exactement ceux que recherche les écologistes, mais elle n'est pas motivée en premier lieu par des raisons pragmatiques : c'est parce que Dieu est le Créateur et que je veux agir avec droiture en tant que chrétien que j'adopte cette attitude. Et soudaines toutes les choses prennent la place qui leur revient.

Le point de vue chrétien : « l'usine-modèle »

La notion de choix intervient quand l'homme se trouve confronté à un être vivant ou un objet : ce n'est plus la situation mécanique de la vache devant le bouton d'or : l'homme choisit son comportement envers la fleur. Le bouton d'or et l'homme ont tous deux été créés par Dieu, mais cela ne s'arrête pas là : par une décision personnelle il est possible à l'homme de traiter le bouton d'or comme il convient de le traiter. Il agit personnellement, il est une personne ! Voilà qu'il vit et respire à nouveau sur le plan psychologique et atteint le niveau personnel, non seulement dans ses rapports avec les hommes et les femmes, mais aussi avec les parties de la création qui se trouvent au-dessous du niveau personnel. Les vieux problèmes commencent alors à s'écrouler tandis que « l'humanité » de l'homme peut s'épanouir et qu'il est délivré « du Puits et du Pendule » de la technologie moderne.[10]

La question esthétique, dont l'importance n'est certainement pas négligeable, est aussi résolue à ce même moment car la beauté vient remplacer le désert. La beauté en soi ne doit pas être méprisée, elle n'a pas besoin de raisons pragmatiques pour être justifiée. Par conséquent, même si nous nous bornions dans nos rapports avec la nature, à préserver sa beauté et à en jouir, cela n'en serait pas moins appréciable et ne mériterait pas moins d'être fait.

Mais ce n'est pas tout : la balance écologique y gagnera en équilibre, et il y aura moyen pour l'homme d'utiliser la nature sans pour autant détruire les ressources dont il a besoin. Mais rien de tout cela ne se produira si cette façon de voir la nature n'est qu'un artifice sans contenu réel. Nous devons avoir avec Dieu la relation qu'il a prévue et ensuite, en tant que chrétiens, nous devons adopter et pratiquer le point de vue biblique de la nature.

Une véritable écologie sera possible quand nous aurons compris le point de vue chrétien de la nature ; il y aura de la beauté en abondance, ce sera l'avènement de la liberté psychologique et nous cesserons de transformer le monde en un désert. Il est juste, sur la base de tout le système chrétien, — (qui est suffisant pour rendre compte de tous les aspects de la question, car il est la vérité) —, de dire au bouton d'or : « Tu es mon camarade au sein de la création, je ne t'écraserai point sous mes pas car nous sommes tous deux des créatures de Dieu ».

---

[10] Allusion à « Histoires extraordinaires » de Edgar Poe.

APPENDICES

LES CAUSE HISTORIQUES DE NOTRE CRISE ÉCOLOGIQUE

par Lynn White Jr.[11]

Il n'était pas rare, qu'au cours d'une conversation avec Aldous Huxley, son interlocuteur devienne simplement l'auditeur d'un monologue inoubliable. Un an avant sa fin regrettée, le comportement dénaturé de l'homme envers la nature et ses tristes conséquences était devenu son sujet de discussion favori. Pour illustrer son point de vue, il me raconta que l'été précédent il était retourné en Angleterre dans une petite vallée où autrefois s'ouvraient de délicieuses clairières tapissées d'herbe, où il avait passé de nombreux mois de bonheur enfantin. A présent, elle était envahie de vilaines broussailles, parce que les lapins qui en empêchaient autrefois la croissance avaient presque tous succombé à la myxomatose ; cette maladie en effet avait été volontairement introduite dans la région

---

[11] L'auteur est professeur d'histoire à Los Angeles, à l'Université de Californie. Ceci est le texte d'une conférence donnée le 26 décembre 1966 à Washington lors d'une rencontre de l'American Association for the Advancement of Science.

par des fermiers, pour limiter les dégâts que les lapins faisaient subir aux récoltes. En affreux bourgeois qui ne comprend rien à l'art, — pas même à la rhétorique —, j'interrompis le discours de Huxley pour dire que le lapin lui-même avait été introduit en Angleterre en 1176 comme animal domestique, probablement dans le but d'améliorer le régime alimentaire des paysans.

Toutes les formes de vie modifient leur contexte. L'exemple le plus spectaculaire est sans doute celui du paisible corail. Tout en servant sa propre cause, ce polype crée un vaste monde sous-marin favorable à la vie de milliers d'autres plantes et animaux. Depuis que les hommes sont nombreux sur la terre, ils affectent considérablement leur environnement. Selon certains savants, la technique de chasse qui consiste à incendier les broussailles pour débusquer le gibier aurait contribué à créer les grandes étendues herbeuses du monde et serait en grande partie responsable de la disparition des mammifères géants des terrains du quarternaire ancien. Cette hypothèse est sinon vérifiée, du moins plausible. Alors que la nature n'en aurait fait qu'une jungle marécageuse, depuis plus de six millénaires les berges du Nil inférieur sont le résultat de l'intervention de l'homme. Le barrage d'Assouan, inondant 8,000 mètres carrés, ne représente que la dernière étape d'une longue évolution.

L'écologie de nombreuses régions a été profondément affectée par des entreprises analogues : la construction de terrasses, des travaux d'irrigation, une utilisation excessive des pâturages, l'abattage de nombreuses forêts par les Romains pour construire les bateaux qui servirent à lutter contre Carthage, ou encore par les croisés pour résoudre leurs problèmes de transport du ravitaillement au cours de leurs expéditions. Après avoir observé que les paysages français se répartissent en deux types de base, les champs ouverts au Nord et le « bocage » dans le Sud et dans l'Ouest, Marc Bloch eut l'idée d'entreprendre une étude aujourd'hui devenue classique des méthodes agraires au Moyen Age. Un changement dans les mœurs de l'homme affecte souvent, à son insu, la nature qui l'entoure. On a par exemple noté que l'apparition de l'automobile a fait disparaître d'immenses bandes de moineaux qui se nourrissaient autrefois du crottin de cheval qu'ils trouvaient sur toutes les routes.

Les cause historiques de notre crise écologique

L'histoire des changements écologiques en est encore à un stade très rudimentaire, nous ne savons que peu de choses sur les événements qui ont eu réellement lieu et sur leurs conséquences. En Europe, l'auroch, dont la disparition remonte à 1627, semble avoir été la victime de chasseurs trop enthousiastes. Il est souvent impossible de se procurer une information solide sur des cas plus compliqués. Voilà plus de mille ans par exemple que les Frisons et les Hollandais repoussent la Mer du Nord, et le processus atteint aujourd'hui un point culminant avec l'assèchement du Zuider Zee. Des formes de vie des oiseaux, des poissons, des animaux côtiers ou des plantes ont-elles éventuellement disparu au cours de ces opérations ? Se peut-il que dans cette lutte épique contre Neptune les Néerlandais aient négligé les valeurs écologiques au point de laisser se détériorer la qualité de la vie dans leur pays ? Je n'ai trouvé nulle part un indice qui prouverait qu'on se soit posé ces questions ou qu'on y ait répondu.

Les hommes ont donc souvent été un élément dynamique au sein de leur environnement, mais l'état actuel de nos connaissances historiques ne nous permet pas de dire en général quand et où les changements provoqués par l'homme se sont produits ou quels en furent les effets. En ce début du troisième tiers du XX° siècle toutefois, on se préoccupe de plus en plus fébrilement du problème des répercussions écologiques. Les sciences naturelles, conçues comme un effort pour arriver à comprendre la nature des choses, se sont développées à différentes époques et chez différents peuples. Il y eut aussi, parallèlement aux sciences et depuis très longtemps, un grand nombre de techniques dont certaines se sont développées rapidement et d'autres beaucoup plus lentement. Il y a quatre générations seulement fut conclu en Europe occidentale et en Amérique du Nord le mariage entre la science et la technologie, union entre l'approche théorique et l'approche empirique de notre environnement naturel. Francis Bacon croyait fermement que la connaissance scientifique nous permettrait de dominer la nature par la technologie. Ce principe ne fit son apparition et ne se répandit dans la pratique que peu avant 1850, à l'exception des industries chimiques où il apparut dès le XVIII° siècle. Lorsqu'il fut admis par tous comme principe inspirant et réglant notre action, cela marqua peut-être une étape capitale de l'histoire de l'humanité depuis l'invention de l'agriculture, et peut-être même une étape importante de l'histoire antérieure à l'homme.

Cette situation nouvelle provoqua presque aussitôt la cristallisation du concept alors tout récent d'écologie. C'est en 1873 que le mot «écologie» fit son apparition dans la langue anglaise. Moins d'un siècle plus tard, l'impact de la race humaine sur son environnement a tellement augmenté qu'il en est venu à changer de nature; l'utilisation des premiers canons, au XIV° siècle, eut des conséquences écologiques en ce qu'elle nécessita l'envoi d'ouvriers dans les montagnes et dans les forêts pour extraire toujours plus de potasse, de soufre, de minerai de fer et de charbon de bois, provoquant ainsi une certaine érosion et un certain déboisement. Mais les bombes à hydrogène sont d'un tout autre ordre : une guerre atomique pourrait changer le capital génétique de toutes les formes de vie sur cette planète.

Aux alentours de 1285, Londres fut recouvert d'un brouillard enfumé dû à la combustion de houille grasse, mais l'utilisation actuelle de combustibles fossiles menace de changer la composition chimique de toute l'atmosphère du globe; et nous commençons juste à en mesurer les conséquences. Quand on considère l'explosion démographique, le cancer d'un urbanisme non planifié et les dépôts de déchets et d'ordures faisant déjà partie des couches géologiques on est amené à constater qu'aucune autre créature n'a réussi à souiller son nid en si peu de temps.

Les appels à l'action sont nombreux : «Non à la bombe! à bas les panneaux publicitaires! qu'on donne des contraceptifs aux Hindous et qu'ils mangent leurs vaches sacrées!» Mais ces propositions spécifiques, pour valables qu'elles soient à l'échelon individuel, paraissent trop partielles, superficielles et négatives. La solution la plus simpliste face à tout changement suspect est bien sûr de l'enrayer ou mieux encore, de vouloir retourner à un passé romantique et idéalisé : «Il faudrait donner à ces affreuses pompes à l'essence l'aspect du hameau de Marie-Antoinette à Versailles». La mentalité du «retour à la nature» préconise invariablement de figer l'écologie (qu'il s'agisse de San Gimignano ou de la Haute Sierra) et de lui garder l'apparence qu'elle présentait avant qu'on y ait jeté le premier papier de bonbon. Mais l'enjolivement pas plus que l'atavisme ne parviendront à surmonter la crise écologique de notre époque.

Qu'allons-nous faire ? Personne ne le sait encore. A moins que nous nous mettions à réfléchir sur les questions fondamentales, les mesures spécifiques auront des répercussions encore plus graves que les problèmes auxquels elles sont destinées à apporter un remède.

Pour commencer, nous devrions essayer de clarifier notre pensée à la lumière de l'histoire, sur les présuppositions qui sont à la base de la science et de la technologie modernes. La science était traditionnellement aristocratique et de nature spéculative et intellectuelle ; la technologie, elle, appartenait aux classes inférieures et était empirique et orientée vers l'action. La fusion soudaine des deux, vers le milieu du XIX° siècle, est certainement liée aux révolutions démocratiques qui l'ont précédée de peu, et qui, en réduisant les barrières sociales, ont contribué à affirmer l'unité fonctionnelle du cerveau et de la main. Notre crise écologique résulte de la naissance d'une culture démocratique entièrement nouvelle. Le problème est le suivant ; un monde démocratisé peut-il survivre à ses propres implications ? Apparemment, à moins d'une révision de nos axiomes, cela n'est pas possible.

Les traditions scientifiques et technologiques en Occident

Il est un fait tellement évident qu'il paraît stupide d'en parler ; c'est que la science et la technologie modernes sont toutes deux nettement occidentales ; Certes, notre technologie a absorbé des éléments venus du monde entier, en particulier de la Chine. Mais aujourd'hui, que ce soit au Japon ou au Nigéria, partout, la technologie qui réussit est celle qui vient de l'Occident. Notre science est l'héritière de toutes les sciences du passé, et peut-être en particulier des travaux des grands savants musulmans du Moyen-âge, qui ont si souvent surpassé les Grecs de l'Antiquité en habileté et en perspicacité : al-Razï en médecine, par exemple, ibn-al-Haytham en optique ; Omar Khayyam en mathématiques. Un nombre assez considérable des œuvres de ces génies semble avoir disparu de l'arabe, la langue originelle. Elles subsistent dans des traductions en bas latin, qui ont ainsi contribué à poser les bases des développements que l'Occident allait connaître ultérieurement. Aujourd'hui, dans le monde entier, indépendamment de la couleur de la peau et de la langue des savants, toute science de quelque importance est occidentale dans son style et sa méthode.

Une seconde série de faits est moins bien connue car des études historiques assez récentes viennent à peine de la mettre en lumière : la domination de l'Occident, à la fois dans la science et la technologie, est antérieure à ce que l'on nomme « la Révolution scientifique » du XVII° siècle ou « la Révolution industrielle » du XVIII° siècle. Ces deux termes sont en fait dépassés et ils obscurcissent la véritable nature de ce qu'ils ont pour but de décrire, à savoir des étapes significatives de deux longs processus distincts. L'Occident se mit à utiliser la force hydraulique à des fins industrielles, et non plus seulement pour la moulure du grain, aux alentours de l'an mil au plus tard, peut-être deux cents ans auparavant, mais dans une plus faible mesure. A la fin du XII° siècle, suivit l'exploitation de la force éolienne. Après des débuts modestes, une régularité et une rapidité étonnantes dans le perfectionnement des techniques développèrent en Occident le machinisme, les appareils diminuant l'effort de la main d'œuvre, et l'automation. Ceux qui en doutent devraient se référer à la réussite la plus monumentale dans l'histoire de l'automation : l'horloge à poids, qui apparut sous deux formes différentes au début du XIV° siècle. C'est par ses capacités technologiques de base et non par l'habileté de ses artisans et artistes que l'Occident latin de la fin du Moyen-âge surpassa de beaucoup ses sœurs, les cultures byzantine et islamique, tellement élaborées, compliquées et grandioses dans leur art. Bessarion, un grand ecclésiastique grec, voyageant en 1444 en Italie, envoya une lettre à un prince de son pays pour lui faire part de son émerveillement devant la supériorité des navires de l'occident, de ses armes, de ses textiles et de son verre. Mais par-dessus tout, il fut stupéfait de voir des roues hydrauliques actionner des scies et des soufflets de forge. Il est clair qu'il n'avait rien vu de tel au Proche-Orient.

Vers la fin du XV° siècle la supériorité technologique de l'Europe était telle que les petites nations antagonistes qui la composaient purent étendre leur hégémonie sur le reste du monde en conquérant, en pillant, et en colonisant. Cette supériorité est symbolisée par la maîtrise des Indes que garda pendant plus d'un siècle un des états les plus faibles de l'Occident, le Portugal. Rappelons aussi que la technologie de Vasco de Gama et de Albuquerque était entièrement basée sur l'empirisme, et s'inspirait ou s'aidait à peine de la science.

Il est généralement admis aujourd'hui que la science moderne a commencé en 1543, année où Copernic et Vésale publièrent leurs grands travaux. N'oublions pas toutefois, — et cela ne diminue en rien leurs mérites — que des œuvres comme le «Traité sur les révolutions du monde céleste» ou «L'Architecture du corps humain» ne se font pas du jour au lendemain.

La tradition scientifique, caractéristique de l'Occident, apparut en fait au cours de la seconde moitié du XI° siècle avec les nombreuses traductions en latin d'œuvres grecques et arabes. Quelques livres considérables, comme Théophraste, échappèrent alors à cette faim de science nouvelle en Occident, mais moins de deux cents ans plus tard le recueil entier de science grecque et islamique était disponible en latin et était avidement lu et critiqué dans les jeunes universités européennes. Ces critiques inspirèrent de nouvelles observations, des spéculations intellectuelles et une défiance accrue à l'égard des anciennes autorités. Vers la fin du XIII° siècle, l'Europe avait pris la tête du développement scientifique, assurant la relève de l'Islam défaillant. Nier la profonde originalité de Newton, de Galilée ou de Copernic serait aussi absurde que de nier celle des savants scolastiques du XIV° siècle comme Buridan ou Oresme qui furent les premiers à les inspirer par leurs travaux. Avant le XI° siècle, même à l'époque romaine, il n'y avait guère de science digne de ce nom en l'Occident latin. Ce n'est qu'ultérieurement que le secteur scientifique de la culture occidentale eut un développement régulier.

C'est au Moyen-âge que notre science et notre technologie prirent leur essor, acquirent leur caractère et parvinrent à dominer le monde ; si nous voulons en comprendre la nature et l'impact sur notre environnement actuel, il nous faut examiner les postulats fondamentaux du Moyen-âge, ainsi que leurs implications.

La conception médiévale de l'homme et de la nature

Jusqu'à une époque très proche de nous, l'agriculture occupait la première place de toutes les activités, même chez les peuples «évolués», d'où l'importance du moindre changement dans les méthodes de labour. Les charrues primitives, tirées par une paire de bœufs, ne faisaient en général qu'égratigner le sol sans le retourner. Le labourage en long et en large qui était alors d'usage tendait à donner aux champs une forme plus ou moins carrée. Cette méthode convenait bien aux sols légers et au climat semi-aride du Proche-Orient et de la Méditerranée, mais moins au climat humide et aux sols gras et lourds de l'Europe du Nord. Vers la fin du VII° siècle après J.-C. toutefois, après des débuts encore mal connus, certains agriculteurs de ces pays du Nord se mirent à utiliser une charrue d'un genre absolument nouveau, munie d'un couteau vertical pour tracer la ligne du sillon, d'un soc horizontal pour découper le sol sous sa surface et d'un versoir pour retourner la bande de terre ainsi découpée. Il en résultait une résistance si grande qu'il ne fallait plus deux, mais huit bœufs pour la tirer. Elle s'attaquait à la terre avec une telle violence qu'il n'était plus nécessaire désormais de labourer en travers, et les champs eurent tendance à s'allonger.

À l'époque de la charrue primitive les champs étaient généralement répartis en parcelles capables de nourrir une seule famille. L'agriculture vivrière était alors pratiquée. Quand la nouvelle charrue, plus efficace, fit son apparition, aucun paysan ne possédait huit bœufs : on mit donc les bêtes en commun pour former de grands attelages, chaque paysan recevant, semble-t-il, des bandes de terres labourées proportionnelles à sa contribution. La répartition des terres ne fut plus calculée selon les besoins de la famille, mais plutôt à partir de la capacité de la nouvelle charrue à labourer le sol. La relation entre l'homme et le sol en fut profondément affectée. Jusque là, l'homme avait fait partie de la nature, il en devint alors l'exploitant. Nulle part ailleurs les fermiers ne développèrent un outil analogue. Est-ce par hasard que la technologie moderne avec sa brutalité envers la nature ait été produite en grande partie par les descendants de ces paysans d'Europe du Nord ?

La même tendance à l'exploitation apparaît en l'Occident un peu avant l'an 830 dans les calendriers illustrés. Auparavant on représentait les mois par des figures passives, mais les nouveaux calendriers francs, qui lancèrent la mode pour tout le Moyen-âge, étaient entièrement différents : on y voit des hommes imposant leur contrainte au monde ; ils labourent, moissonnent, abattent des arbres, tuent des cochons. L'homme et la nature sont distincts, et l'homme est le maître.

Il semblerait que ces innovations soient l'expression d'une forme de pensée plus étendue. Leur attitude face à leur environnement dépend de la façon dont les gens considèrent la relation qui existe entre les choses qui les environnent et eux-mêmes. L'écologie humaine est profondément conditionnée par la conception que nous avons de notre nature et de notre destinée, c'est à dire par la religion. Cela paraît évident à un occidental quand il s'agit par exemple de l'Inde ou de Ceylan, mais cela est également vrai pour nous-mêmes et nos ancêtres du Moyen-âge.

La victoire du christianisme sur le paganisme constitua la plus grande révolution psychique dans l'histoire de notre culture. Il est de bon ton de dire que nous vivons aujourd'hui, pour le meilleur et pour le pire, dans un monde postchrétien. Certes nos formes de pensées et de langage ne sont plus chrétiennes, dans l'ensemble ; à mes yeux pourtant le fond en reste souvent étonnamment apparenté au passé. Nos actions quotidiennes, par exemple, sont dominées par une foi implicite dans le progrès perpétuel. Inconnue dans l'Antiquité gréco-romaine, aussi bien qu'en Orient, cette foi est enracinée dans la téléologie judéo-chrétienne et est indéfendable en-dehors de ce contexte. Et si les communistes la partagent, cela ne fait que prouver ce qui peut être démontré sur beaucoup d'autres points : que le Marxisme, à l'instar de l'Islam, est une hérésie judéo-chrétienne. Nous continuons à vivre aujourd'hui, comme nous le faisons depuis 1700 ans environ, dans un contexte dominé par les axiomes chrétiens.

Quels sont donc les enseignements du christianisme sur les relations entre l'homme et son environnement?

Alors que de nombreuses mythologies comportent des récits de la création, la mythologie gréco-latine paraît singulièrement incohérente à cet égard. A l'exemple d'Aristote, les intellectuels de l'Antiquité occidentale se refusaient à penser que le monde visible ait pu avoir un commencement. Leur notion cyclique du temps rendait d'ailleurs irrecevable toute idée de commencement. Au contraire, le christianisme, lui, hérita du judaïsme non seulement un concept de temps non-répétitif et linéaire, mais également un saisissant récit de la création : c'est par étapes qu'un Dieu d'amour et tout-puissant créa la lumière et l'obscurité, les corps célestes, la terre et toutes ses plantes, les animaux, les oiseaux et les poissons. Finalement Dieu créa Adam, et sur une idée qui lui vint par la suite, Ève, pour que l'homme ne se sente pas tout seul.

L'homme donna un nom à tous les animaux, établissant ainsi sa domination sur eux. Dieu avait tout prévu pour le profit et l'autorité de l'homme. Aucun élément de la création n'avait d'autre raison d'être que de servir l'homme. Et bien que son corps soit fait de terre, il n'est pas une simple partie de la nature, il a été créé à l'image de Dieu. En particulier sous sa forme occidentale, le christianisme est la religion la plus anthropocentrique que le monde ait connue. Dès le second siècle Tertullien et Saint-Irénée de Lyon voyaient dans la création d'Adam le signe annonciateur de l'incarnation de Christ, le second Adam. Fait à l'image de Dieu, l'homme est aussi, dans une large mesure, transcendant à la nature. En établissant le dualisme de l'homme et de la nature et en s'opposant ainsi au paganisme antique, et aux religions asiatiques — à l'exception du Mazdéisme peut-être — le christianisme insiste aussi sur le fait que la volonté de Dieu est que l'homme exploite la nature à ses propres fins. Ceci eut des répercussions intéressantes au niveau populaire : dans l'Antiquité chaque arbre, chaque source, chaque cours d'eau, chaque colline possédait son « bon génie », son esprit protecteur. Quoique accessibles à l'homme, ces esprits se différenciaient de lui par leur caractère équivoque. Voyez les centaures, les faunes et les sirènes. Avant de couper un arbre, d'attaquer une montagne pour y creuser une mine ou d'endiguer une rivière, il fallait absolument apaiser l'esprit gardien du lieu, il était important de ne pas l'irriter. En détruisant l'animisme païen, le christianisme ouvrit la voie à l'exploitation de la nature dans une atmosphère de totale indifférence envers les sentiments des éléments de la nature.

On dit souvent que l'Église substitua le culte des Saints à l'animisme. Cela est vrai ; pourtant les répercussions pratiques du culte des Saints sont bien différentes de celles de l'animisme. Le Saint ne se trouve pas dans les objets de la nature, même si des reliquaires lui sont consacrés, mais sa patrie est au ciel. Le Saint est en outre pleinement homme, il peut être approché en termes humains. En plus des

Saints, le christianisme comportait bien sûr des anges et des démons hérités du judaïsme et peut-être indirectement du Mazdéisme et qui étaient tout aussi mobiles que les Saints eux-mêmes. Les esprits contenus dans les objets et qui avaient autrefois protégé la nature contre l'homme disparurent complètement. Le monopole de l'esprit dans le monde revint à l'homme et les vieilles inhibitions qui faisaient obstacle à l'exploitation de la nature s'écroulèrent.

Méfions-nous cependant des généralisations abusives ; le christianisme est une foi complexe et ses conséquences changent suivant les contextes. Ce que j'en ai dit peut très bien s'appliquer à l'Occident médiéval où la technologie a fait des progrès spectaculaires. Mais à l'Est, en Grèce, qui fut le cadre hautement civilisé d'une piété chrétienne tout aussi fervente qu'en occident, on ne semble pas avoir produit d'innovation technologique notable après la fin du Vila siècle, après l'invention du feu grégeois. Ce contraste entre l'Orient et l'Occident s'explique peut-être par la différence de nuance de piété et de pensée que la théologie comparée discerne entre les églises — grecque et romaine. Les grecs croyaient que le péché était un aveuglement intellectuel et que le salut se trouvait dans l'illumination, l'orthodoxie, c'est à dire la pensée clarifiée. Les Latins par contre ressentaient que le péché était un mal moral, et que le salut se trouvait dans une bonne conduite. La théologie orientale est intellectualiste, tandis que les conceptions occidentales sont volontaristes. Le Saint grec est un contemplatif, alors que le Saint occidental agit. L'atmosphère chrétienne fut beaucoup plus propice à la conquête de la nature en Occident qu'en Orient.

Le dogme chrétien de la création qui se trouve dans le premier article de toutes les confessions de foi, joue un rôle important pour la compréhension de la crise écologique actuelle. Par révélation, l'homme reçut de Dieu l'Écriture Sainte, la Bible ; de plus, puisque la nature est l'œuvre de Dieu, elle doit aussi pouvoir révéler la mentalité divine. L'étude religieuse de la nature pour une meilleure compréhension de Dieu s'appelle la théologie naturelle. Dans l'Église primitive et surtout dans l'Orient grec, la nature était d'abord conçue comme un système symbolique par lequel Dieu parle aux hommes : la fourmi est un sermon pour les paresseux ; la flamme qui s'élève symbolise les aspirations de l'âme. Cette vue de la nature était plus artistique que scientifique. Bien qu'à Byzance on copiât en grand nombre les anciens textes scientifiques grecs, la science telle que nous la concevons aurait difficilement pu se développer dans une telle ambiance.

Au début du XIII° siècle toutefois, la théologie de l'Occident latin subit un net changement. Elle cessa de déchiffrer les symboles physiques de la communication de Dieu avec l'homme, et fit un effort pour comprendre Dieu en découvrant comment sa création fonctionne. L'arc-en-ciel n'était plus seulement le symbole d'espoir envoyé pour la première fois à Noé après le Déluge. Robert Grosseteste, Roger Bacon et Théodoric de Freiberg produisirent sur l'arc-en-ciel des travaux d'optique étonnamment poussés, mais ils les concevaient uniquement dans le cadre d'une recherche religieuse. En fait jusqu'à Leibnitz et Newton, tous les grands hommes de science justifièrent leurs motivations en termes religieux. Galilée aurait d'ailleurs eu beaucoup moins d'ennuis s'il n'avait pas été un aussi brillant théologien amateur : les professionnels s'offensèrent de son intrusion dans leur domaine. Newton lui-même semble s'être considéré comme un théologien plutôt que comme scientifique. Ce n'est que vers la fin du XVIII° siècle que bon nombre de savants jugèrent inutile l'hypothèse de l'existence de Dieu.

Quand les hommes expliquent leurs raisons d'agir, l'historien trouve souvent très difficile de juger si les raisons exposées sont les vraies ou s'il s'agit simplement de raisons culturellement acceptables. Pendant les siècles de formation de la science occidentale, les savants ont affirmé avec une telle régularité que leur tâche et leur récompense était de « retrouver les pensées de Dieu » que nous sommes portés à croire que c'était effectivement leur réelle motivation. S'il en est vraiment ainsi, on pourra dire que la science occidentale moderne est issue du moule de la théologie chrétienne et que son élan lui fut donné par le dynamisme d'une piété inspirée du dogme judéo-chrétien de la création.

Une alternative à la vision chrétienne classique

Les conclusions qui paraissent s'imposer déplairaient certainement à bon nombre de chrétiens. « Science » et « technologie » sont des mots bénis du vocabulaire contemporain et d'aucuns se réjouiraient de constater que vue historiquement, la science moderne est tout d'abord une extrapolation de la théologie naturelle et en deuxième lieu que la technologie moderne est, au moins en partie, une mise en pratique occidentale et volontariste du dogme chrétien de la légitime domination de l'homme sur la nature et de sa transcendance par rapport à elle. Mais ainsi que nous le reconnaissons maintenant, les deux activités distinctes qu'étaient la science et la technologie s'unirent il y a un peu plus d'un siècle pour mettre entre les mains de l'homme des forces qui, à en juger par leurs nombreuses conséquences écologiques, échappent à son contrôle. Si cela est vrai, le christianisme porte une très lourde responsabilité.

Je doute pour ma part qu'on puisse éviter ces désastreuses répercussions écologiques simplement en appliquant encore plus de science et plus de technologie à nos problèmes. Notre science et notre technologie se sont développées à partir de la conception chrétienne de la relation entre l'homme et la nature. Cette conception se retrouve presque partout, non seulement chez les chrétiens et les néo-chrétiens, mais encore chez ceux qui se flattent d'appartenir à un monde postchrétien. En dépit de Copernic, tout l'univers tourne autour de notre petit globe, et en dépit de Darwin, notre cœur nous dit que nous ne faisons pas partie de l'ordre de la nature. Nous nous sentons au-dessus de la nature, nous la méprisons et sommes prêts à nous en servir pour nos moindres caprices. Pratiquant comme je le suis moi-même, bien qu'il ne se pose pas autant de questions angoissantes, le nouveau gouverneur de Californie illustra fort bien la tradition chrétienne quand il déclara, comme on le prétend : « Quand on a vu un séquoia, on les a tous vus ». Pour le chrétien, un arbre n'est rien de plus qu'une réalité physique. Le concept-même du bois sacré est étranger au christianisme et à la morale occidentale. Voilà près de deux mille ans que les missionnaires chrétiens abattent des bois sacrés ; leur existence est signe d'idolâtrie qui attribue un esprit aux choses de la nature. La façon dont nous agissons en écologie est fonction de nos conceptions de la relation entre l'homme et la nature. Toujours plus de science et de technologie ne pourront mettre fin à la crise écologique actuelle, tant que nous n'aurons pas trouvé une nouvelle religion ou repensé l'ancienne. Les beatniks, qui sont les véritables révolutionnaires de notre époque, manifestent un instinct très sûr en se rapprochant du Bouddhisme Zen dont la conception de la relation homme/nature est à l'inverse de la conception chrétienne. Le Zen est cependant aussi profondément conditionné par l'histoire de l'Asie que le christianisme l'est par l'expérience occidentale, et je doute fort qu'il ait des chances de survie parmi nous.

Peut-être devrions-nous nous tourner vers Saint François d'Assise : c'est l'homme le plus radical de tout le christianisme après le Christ. Le plus grand miracle de son histoire est qu'il n'ait pas fini sur un bûcher, contrairement à ses nombreux successeurs aux idées libérales. Sa pensée était si franchement hérétique que Saint Bonaventure, Général de l'Ordre des Franciscains, grand chrétien et homme doué d'un profond discernement, tenta de faire disparaître les premiers récits sur le franciscanisme. Pour bien comprendre Saint François, il faut savoir qu'il croyait que l'humilité était une vertu à pratiquer non seulement sur le plan individuel, mais encore par l'espèce humaine tout entière. Saint François essaya de déposséder l'homme de sa domination sur la création et d'établir une démocratie entre toutes les créatures de Dieu. Pour lui, la fourmi est plus qu'une homélie pour le paresseux, la flamme un signe de l'aspiration de l'âme à l'union avec Dieu ; voici que le feu et la fourmi deviennent les frère et sœur de l'homme, chacun ayant sa propre manière de louer le Créateur.

Des commentaires tardifs rapportent que Saint François se mit à prêcher aux oiseaux pour blâmer les hommes de ne pas l'écouter. Mais selon les premiers récits, il exhortait les petits oiseaux à louer Dieu, et dans leur extase spirituelle ils se mettaient à battre des ailes et à gazouiller en signe d'allégresse. Les légendes de Saints, en particulier de Saints irlandais, avaient longtemps auparavant parlé de leurs rapports avec les animaux, mais toujours, je crois, pour montrer la supériorité de l'homme sur les autres créatures. Avec Saint-François, la situation est tout autre. La région de Guobio, dans les Apennins était ravagée par un loup féroce. Saint François, nous dit la légende, parla au loup pour le convaincre de l'erreur de sa conduite. Le loup se repentit, mourut en odeur de sainteté et fut enterré en terre bénite.

Ce que Sir Steven Runciman appelle la « doctrine franciscaine de l'âme animale » fut rapidement étouffé. Il est possible qu'elle ait été inspirée, consciemment ou inconsciemment d'ailleurs, par la croyance en la réincarnation que les hérétiques cathares, nombreux à cette époque-là en Italie et dans le Sud de la France, tenaient probablement des Indes. N'est-il pas significatif qu'au même moment, aux environs de 1200, des traces de métempsychose soient décelables dans le Judaïsme occidental, dans la Cabbale provençale ? Mais Saint François n'a jamais professé la transmigration des âmes ni le panthéisme. Sa vision de l'homme et de la nature était inspirée par une sorte de pan-psychisme très particulier englobant toutes choses, animées et inanimées, créées à la gloire de leur Créateur ; Créateur transcendant, qui, dans un geste d'extrême humilité était venu dans ce monde sous une apparence charnelle, reposant sans défense dans une crèche et mourant accroché au bois de justice.

Je ne veux pas dire par là, qu'un grand nombre de nos contemporains se sentent concernés par la crise écologique et seraient capables ou désireux de parlementer avec les loups ou d'exhorter des oiseaux. La dégradation croissante de l'ensemble de notre environnement est cependant le produit de la dynamique d'une technologie et d'une science qui ont leurs racines dans le Moyen-âge occidental ; c'est contre ce monde médiéval occidental que Saint François se rebellait d'une façon si originale. On ne peut comprendre le développement historique de la science et de la technologie si l'on ne tient pas compte des attitudes de l'homme face à la nature. Ces attitudes ont leur source dans le dogme chrétien. Le fait que la plupart des gens ne fassent pas le lien entre ces attitudes et le christianisme est sans importance. Mais un nouveau système de valeurs fondamentales n'a pas encore été accepté par notre société pour remplacer celles du Christianisme. La crise écologique continuera donc à s'aggraver jusqu'à ce que nous rejetions l'axiome chrétien selon lequel la nature n'existe que pour servir l'homme.

Saint-François, le plus grand révolutionnaire spirituel de l'Occident, proposa de changer le point de vue chrétien de la nature et de ses rapports avec l'homme. Il essaya donc de substituer au dogme de la domination illimitée de l'homme sur toute la création celui de l'égalité de toutes les créatures, l'homme y compris. Il échoua. La science et la technologie modernes sont l'une et l'autre tellement imprégnées de l'arrogance du christianisme évangélique envers la nature qu'on ne peut espérer d'elles seules une solution à notre problème écologique. Puisque les racines du mal sont en majeure partie de nature religieuse, le remède aussi doit être essentiellement religieux, que nous le nommions ainsi ou non. Il nous faut réviser complètement nos conceptions et nos sentiments sur la nature et sur sa destinée. Le sentiment profondément religieux, quoique hérétique, de l'autonomie spirituelle de toutes les parties de la nature, des Franciscains primitifs, nous indique la direction à suivre. Je propose Saint François comme patron de l'écologie.

POURQUOI SE PRÉOCCUPER DE LA NATURE ?

par Richard L. Means.[12]

Albert Schweitzer écrivit un jour que « la grande erreur de toutes les morales jusqu'à nos jours a été de ne s'occuper que des relations entre les hommes ». La discussion éthique moderne ne semble pas s'être beaucoup éloignée de cette erreur. L'œuvre de Joseph Fletcher : Situation Ethics : The New Morality[13], par exemple, traite à fond les relations de l'homme avec son prochain mais n'évoque même pas celles qu'il entretient avec la nature — le monde physique et biologique —, oubliant qu'elles posent aussi des problèmes de comportement moral. Cette omission s'explique par la tendance actuelle de la critique sociale à se cantonner dans le domaine de la psychologie et de la subjectivité. Mais il est plus vraisemblable qu'elle représente « la révolte contre le formalisme », ce renoncement aux interprétations abstraites et généralisatrices sur l'homme et la nature, dada des sociologues américains d'autrefois. Cependant, même à contrecœur, certains sociologues finissent tout de même par

---

[12] Richard L. Means est Professeur-adjoint de Sociologie au Collège de Kalamazoo dans le Michigan.

[13] Éthique de la situation : la nouvelle morale.

s'intéresser aux commentaires du genre de Thoreau, de ceux que fait Joseph Wood Krutch ou aux interprétations naturalistes, agressives de l'Autrichien Konrad Lorenz. Mais les sociologues contemporains ont si nettement séparé culture et nature qu'un certain effort intellectuel sera nécessaire pour surmonter cette dichotomie.

De plus, bien qu'il soit possible d'envisager la relation entre l'homme et la nature sous divers aspects, — depuis le contrôle absolu jusqu'à l'obéissance passive —, l'idée que la relation entre l'homme et la nature ait un caractère moral trouve très peu de défenseurs, même parmi les écrivains religieux contemporains. Pour cadre de son livre La Cité séculière Harvey Cox a choisi un monde urbain et a complètement passé sous silence les problèmes d'approvisionnement, de nourriture, de maladie, etc. On ne se demande pas d'où vient cette ville, et les dimensions morales de l'analyse se limitent aux rapports entre humains à l'intérieur du monde urbain, et excluent les rapports avec les animaux, les plantes, les arbres et l'air, c'est à dire l'habitat naturel.

Dans un article intitulé «Stratégie pour une guerre avec la nature», Eric Hoffer, l'un des rares critiques de la société contemporaine qui aient abordé de front la question de la relation entre l'homme et la nature, met en garde dans ces écrits contre le danger d'une vision trop romantique de la nature. Débardeur dans les ports, puis plongeur dans un restaurant, il a observé la tragédie humaine, mis en évidence les corruptions et les perversions du pouvoir, et prétend que le grand accomplissement de l'homme consiste à transcender la nature et à se libérer des exigences de l'instinct. Une des caractéristiques fondamentales de l'homme, selon Hoffer, est la possibilité qu'il a de s'affranchir de ses limites physiques et biologiques.

Dans un sens Hoffer a raison. Il est vrai que les inondations, les famines, les incendies et les tremblements de terre affectent grandement l'homme et ces manifestations ne présentent pas la nature comme bienveillante et toujours prête à voler à son secours. Mais les critiques de Hoffer sont avant tout d'ordre politique. Il s'en prend à «l'individualisme romantique», cette interprétation particulière des relations entre l'homme et la nature. Hoffer sait parfaitement que cet individualisme romantique mène tout droit à une sorte d'égoïsme et à un antirationalisme capable de fausser et même de détruire les institutions démocratiques.

Rappelons l'exhortation de Hitler à négliger la raison et à «penser avec son sang». Un vague mysticisme de la nature a souvent été invoqué pour justifier des valeurs telles que pays natal, nationalisme et racisme. Un tel mysticisme de la nature est l'essence même de l'individualisme romantique (bien qu'il puisse exister d'autres types de romantismes de la nature qui ne donnent pas la première place au moi.) Le cœur du problème se trouve peut-être dans la manière dont Hoffer a défini l'individu. Pour lui, la foi naïve en une nature généreuse capable d'opérer des miracles est caractéristique de l'individu. Il a bien sûr raison dans une certaine mesure, mais en passant sous silence le côté social ou collectif de la relation entre l'homme et la nature il masque les réelles dimensions morales du problème.

Il est possible pour l'homme d'être en guerre contre la nature, mais les hommes, pris collectivement, ne le sont pas ou du moins, ne peuvent pas l'être. La raison en est que si certaines attitudes ou actions de l'individu deviennent le fait d'une collectivité, elles entrainent pour la nature des conséquences dont la portée est aisément compréhensible, à la lumière des dures réalités qui conditionnent la survie de la société. Prenons le problème des déchets radioactifs, la contamination au strontium 90, etc. L'homme ne se bat pas toujours contre la nature ; il peut, en coopérant avec elle, la façonner et la transformer. En participant à une chaine de décisions qui permettent une nouvelle symbiose avec la nature, les hommes créent la civilisation et la culture. Ce postulat s'attaque à la racine même de l'individualisme romantique. On a de la peine à imaginer un homme totalement seul, face à la nature, utiliser la nature pour satisfaire ses besoins en chaleur, en confort, et ses facultés créatrices : même Robinson Crusoé avait Vendredi !

Hoffer semble oublier que la brutalité n'est pas le seul élément requis pour l'assujettissement de la nature par l'homme. Le travail physique, mécanique ou autre, — que ce soit celui des masses chinoises ou celui, très perfectionné, d'un ramoneur de cheminées, — dépend de l'irruption des idées humaines dans le monde naturel. En s'aidant de machines, de grues, de bulldozers, d'usines, de moyens de transport, d'ordinateurs et de laboratoires, l'homme force la main à la nature. Ceci ne nous oblige toutefois pas à accepter la métaphysique matérialiste, à croire naïvement que la matière et les forces physiques sont les seules réalités. Les idées et les valeurs sont les forces qui favorisent les interactions entre l'homme et la nature. N'oublions pas la puissance de l'idée qui jaillit dans la contemplativité, l'enchaînement du raisonnement spéculatif, l'art du mathématicien, et les rêves du philosophe. Si l'on accepte ce point de vue, la question de la relation entre l'homme et la nature devient un problème d'ordre moral plus crucial qu'Eric Hoffer ne semble le supposer.

Et quelle est donc cette crise morale ? A mon avis, c'est un problème pragmatique qui met en cause les véritables conséquences sociales d'une multitude d'évènements n'ayant aucun rapport entre eux. Les mauvais traitements infligés à notre environnement combinent leurs résultats pour provoquer cette crise : un petit industriel négligent sur le fleuve Kalamazoo, une importante société du Lac Érié qui n'assume pas ses responsabilités, un fermier californien qui utilise des insecticides à tort et à travers et des exploitants de mines du Kentucky qui osent mettre leur sol à nu. Malheureusement sur notre continent la destruction inutile des ressources animales et naturelles ne date pas d'hier.

On peut faire remonter le réquisitoire à l'exemple devenu classique des pigeons migrateurs (ectopiste migrateur) qui autrefois traversaient l'Amérique en très grand nombre, et le terminer par les massacres des bébés phoques auxquels nous assistons de nos jours. Malheureusement, ces tristes évènements ne semblent pas nous apprendre grande chose. Des savants, comme Scott Mac Vay, qui étudient la mer pensent (au grand effroi de ceux que passionnèrent Herman Melville et sa grande baleine blanche) que la pêche commerciale menace la baleine, dernière espèce abondamment représentée. Pour ceux que l'état du portefeuille préoccupe avant tout, cela signifie la mort d'une industrie prospère, par contre pour ceux d'entre nous qui éprouvons un certain respect envers la nature, en particulier envers les mammifères, la mort de ces grandes créatures provoquera un vide dans la création de Dieu et dans l'imagination des générations à venir. Prenons encore un autre exemple : on projette d'endiguer le Colorado, de noyer peu à peu le

Grand Canyon, et d'y installer des centrales hydroélectriques ; mais si le courant électrique est un bien de consommation que nous avons en abondance, le Grand Canyon n'en est pas un, c'est bien plutôt un spectacle. Cette création de la nature qui échappe au contrôle de l'homme, ne peut être reproduite en double exemplaire. S'attaquer à son état naturel reviendrait à nier la faculté qu'à l'homme d'observer les processus de la nature et de s'émerveiller de son environnement.

En bref, l'homme lui-même sortirait rabaissé et diminué par de telles activités. A en juger par leurs agissements, ceux qui encouragent de telles destructions ont une vision étriquée de l'homme et de sa capacité à retirer de la joie de la nature. En ce sens, un tel comportement est immoral. Nous pourrions allonger la liste, mais il ne devrait plus faire de doute que ce goût pour les affaires et cette technologie arrogante de l'homme sont le résultat de son activité insouciante et irréfléchie.

La pollution biologique sans cesse croissante de notre environnement pose un autre problème fondamental. Rien que pour le majestueux fleuve Hudson, les recherches sur les conséquences financières de sa pollution aboutissent à des conclusions et à des chiffres vertigineux. Les frais sont déjà immenses pour maintenir la rivière dans son degré actuel de pollution, et il faudrait des milliards de dollars supplémentaires pour assainir un peu le lit du fleuve. Il en va de même pour les autres grands réservoirs d'eau.

En ce qui concerne l'air que nous respirons, de nombreux rapports ont montré que la pollution atmosphérique a des effets néfastes sur la santé de l'homme. En plus de cela, pour ceux que le côté financier de la question intéresse, A. J. Haagen-Smit, grand expert des questions de pollution atmosphérique, a noté un fait généralement ignoré : les normes d'efficacité de la technologie baissent notablement. Quinze pour cent environ de tous les gaz dégagés par une automobile, proviennent d'une combustion inutile de carburant ; aux États-Unis cela représente une perte annuelle de trois milliards de dollars. N'est-il pas étonnant que l'industrie automobile, réputée par ailleurs pour ses normes d'efficacité, consente à un tel gaspillage d'essence ?

Peut-être un problème ne devient-il moral que lorsqu'il est personnel, existentiel, lorsqu'il concerne notre propre expérience. Tous les naturalistes ne sont pas d'accord sur l'époque où les Grands Lacs seront dangereusement pollués, mais l'échéance est peut-être plus proche qu'on ne le pense souvent. Quand j'étais enfant, à Toledo dans l'État de l'Ohio, certains de mes voisins et camarades de jeux passaient tous leurs étés dans des maisons de campagne au bord du Lac Érié. Aujourd'hui la visite de ces maisons ne constitue certes plus une partie de plaisir et quelques-uns de leurs propriétaires tentent désespérément de les vendre. L'analyse dirigée par Charles F. Powers et Andrew Robertson sur «le vieillissement des Grands Lacs» n'est nullement rassurante pour ceux d'entre nous qui aimons les grandes plages de sable du Lac Michigan ou les rudes et froids rivages battus des vents du Lac Supérieur. Bien que le Lac Michigan soit loin d'être aussi pollué que le Lac Érié (ce dernier présente des endroits si pollués que seuls des vers peuvent y vivre,) la pollution s'étend maintenant dans le sud de ce lac. Ainsi que le signalent Powers et Robertson, de tels problèmes commencent même à se poser pour le Lac Supérieur qui est pourtant encore relativement épargné.

Pourquoi la relation de l'homme avec la nature connait-elle une crise morale ? Cette crise est morale parce qu'elle est aussi historique, et qu'elle concerne l'histoire de l'homme et sa culture ; elle prend sa source dans nos conceptions religieuses et éthiques de la nature. L'historien médiéviste Lynn White Jr., a brillamment démontré l'origine et les conséquences de ces concepts religieux sur la nature dans un article saisissant intitulé « Les causes historiques de notre crise écologique ». (Voir page 93). White prétend que la notion chrétienne d'un Dieu transcendant, séparé de la nature, et ne s'y manifestant que par la révélation, a privé la nature de son esprit, et ainsi a ouvert la voie à l'idéologie de la libre exploitation de la nature.

Dans le contexte américain, les concepts calviniste et déiste se ressemblaient étrangement sur ce point ; ils voyaient l'un et l'autre en Dieu un être absolument transcendant, séparé du monde, isolé de la nature et de la vie organique. Quant aux implications contemporaines de ce divorce entre l'âme et la nature, le Professeur White dit :

«Pratiquant comme je le suis moi-même, bien qu'il ne se pose pas autant de questions angoissantes, le nouveau Gouverneur de Californie illustra fort bien la tradition chrétienne quand il déclara comme on le prétend «Quand on a vu un sequoia, on les a tous vus ». Pour le chrétien un arbre n'est rien de plus qu'une réalité physique. Le concept même du bois sacré est étranger au christianisme et à la morale occidentale. Voilà près de deux mille ans que les missionnaires chrétiens abattent des bois sacrés ; leur existence est signe d'idolâtrie qui attribue un esprit aux choses de la nature. »

Ainsi que le suggère Lynn White, il semble que le caractère moral de ce problème soit illustré par la contestation de notre génération de beatniks et de hippies.

Le détachement que manifestent ces jeunes « dans le vent » porte sur les nerfs de beaucoup d'entre nous et plus d'un « croulant » a de la peine à « gober » les nouvelles coiffures. On peut pourtant se demander si ceux d'entre ces « Beats » qui se sont tournés vers le Bouddhisme Zen n'ont pas obéi à un instinct très sûr. Ils ont pris conscience — alors qu'on aurait dû le faire il y a très longtemps — de la nécessité de mesurer plus justement les dimensions morales et religieuses de la relation spirituelle de l'homme avec la nature.

Pourquoi la plupart des meilleurs critiques sociaux évitent-ils si soigneusement de considérer les implications morales de cette question ? Peut-être craignent-ils d'être accusés, au nom du réalisme politique, d'anthropomorphiser ou de spiritualiser la nature. Il se peut d'autre part que le refus de voir une relation entre l'esprit de l'homme et ka nature reflète les modes de pensée traditionnels de la société occidentale qui font de la nature une entité, un matériau, une machine, sans aucun rapport avec l'homme sur le plan métaphysique.

A mon avis il serait bien plus profitable de considérer la nature comme une partie d'un système d'organisation humaine, — comme un paramètre, un élément changeant — ayant une interaction entre l'homme et sa culture. Si c'est ainsi que l'on comprend la nature, alors un amour, un profond respect, et une identification avec elle ne dégénéreront plus nécessairement en une tendance subjective et émotionnelle à l'individualisme romantique. Au contraire un tel point de vue contribuerait à mettre fin aux attitudes égoïstes basées sur les prééminences, car il montrerait clairement que les activités des autres ne regardent pas que leur vie privée, qu'elles ne sont pas limitées à elles-mêmes, mais qu'elles entrainent des conséquences ; que, répercutées par des changements survenus dans la nature, elles arrivent à me toucher et à affecter ma vie, mes enfants et les générations futures. En ce sens, toute justification d'une technologie arrogante envers la nature en termes de dividendes et de profits n'est pas seulement une erreur sur le plan économique, mais aussi une attitude fondamentalement immorale. La crise morale contemporaine est bien plus grave que des questions de pouvoir et de lois politiques, d'émeutes et de taudis urbains. Cette crise pourrait bien être un reflet de l'indifférence presque totale de la européenne face à la valeur de la nature.

Publications Chrétiennes est une maison d'édition évangélique qui publie et diffuse des livres pour aider l'Église dans sa mission parmi les francophones. Ses livres encouragent la croissance spirituelle en Jésus-Christ, en présentant la Parole de Dieu dans toute sa richesse, ainsi qu'en démontrant la pertinence du message de l'Évangile pour notre culture contemporaine.

Nos livres sont publiés sous six différentes marques éditoriales qui nous permettent d'accomplir notre mission :

Nous tenons également un blogue qui offre des ressources gratuites dans le but d'encourager les chrétiens francophones du monde entier à approfondir leur relation avec Dieu et à rester centrés sur l'Évangile.

reveniralevangile.com

Procurez-vous nos livres en ligne ou dans la plupart des librairies chrétiennes.

pubchret.org | xl6.com | maisonbible.net | amazon

www.ingramcontent.com/pod-product-compliance
Lightning Source LLC
LaVergne TN
LVHW051751080426
835511LV00018B/3297